Katharina Schlegl-Kofler

Dalmatiner

Fotos: Monika Wegler
Zeichnungen: Renate Holzner

TYPISCH
DALMATINER

- Freundlich.
- Anpassungsfähig.
- Voller Aktivität.
- Ausdauernd.
- Sehr feinfühlig.
- Fröhlich.
- Anhänglich.
- Verspielt.
- Aristokratische Ausstrahlung.

Durch seine athletische, elegante Erscheinung, die interessante Fellzeichnung, sowie sein gewinnendes Wesen erobert sich der Dalmatiner immer mehr Liebhaber. Er eignet sich sehr gut als Familien- und Begleithund und ist im allgemeinen leicht zu erziehen. Da er sehr aktiv und lauffreudig ist, trägt neben einer guten Pflege und ausgewogenen Ernährung eine sinnvolle Beschäftigung sehr zu seinem Wohlbefinden bei. So haben Sie für viele Jahre einen vitalen, glücklichen Begleiter.

ENTSCHEIDUNGSHILFEN

1 Sind alle Familienmitglieder mit der Anschaffung eines Hundes einverstanden?

2 Ist die Familie frei von Hundehaarallergien?

3 Sind Sie bereit, in den nächsten 10 bis 15 Jahren nahezu Ihre ganze Freizeit Ihrem Hund zu opfern?

4 Ist sichergestellt, daß der Dalmatiner nicht regelmäßig mehrere Stunden am Tag alleine ist?

5 Sind Sie sich bewußt, daß ein Hund ein nahezu vollwertiges Familienmitglied ist und seine Erziehung und Beschäftigung viel Zeit, Beständigkeit, Geduld und Konsequenz erfordert?

6 Verbringen Sie gerne bei jedem Wetter viel Zeit in der freien Natur?

7 Sind Sie ein sportlicher, aktiver Typ?

8 Haben Sie die Kosten für Tierarzt, Ausstattung, Ernährung, Haftpflichtversicherung usw. einkalkuliert?

9 Können Sie sich an den Anblick kurzer, weißer Haare auf Teppich und Kleidung, im Auto usw. gewöhnen?

10 Falls Sie zur Miete wohnen: Ist der Vermieter mit der Haltung eines Dalmatiners einverstanden?

Ist ein Dalmatiner der richtige Hund für mich?

Nur wenn Sie jede der voranstehenden Fragen mit »ja« beantworten können, sollten Sie sich einen Dalmatiner anschaffen. Haben Sie sich für die Anschaffung entschieden, sollten Sie wissen, daß:

✔ Sie den Kauf sorgfältig planen sollten.

✔ eine gründliche und konsequente Erziehung (→ Seite 46) von klein auf wie für jeden Hund so auch für den Dalmatiner unerläßlich ist.

✔ sich der Dalmatiner grundsätzlich sehr gut als Familienhund eignet und sich im allgemeinen auch problemlos an Kinder (→ Seite 30) sowie an andere Heimtiere (→ Seite 28) gewöhnen läßt.

✔ die meisten Dalmatiner unermüdliche Spielkameraden sind.

✔ der Dalmatiner als äußerst aktiver und bewegungsfreudiger Hund auch deutlich zeigt, wenn er unterfordert ist.

ANSCHAFFUNG UND EINGEWÖHNUNG

Ursprünglich besonders in England sehr beliebt, findet dieser Hund heute auch bei uns immer mehr Freunde. Wird die Anschaffung eines Dalmatiners gut überlegt und sorgfältig geplant, steht einem harmonischen Miteinander von Mensch und Hund nichts entgegen.

Wissenswertes über die Herkunft

Vieles aus der Geschichte des Dalmatiners liegt heute noch im Dunkeln und wird sich vielleicht nie ganz klären lassen. Sehr wahrscheinlich aber entstand die ungewöhnliche schwarz-weiße Zeichnung vor langer Zeit durch eine Mutation (erbliche Veränderung) und wurde dann gezielt züchterisch gefördert. Der Ursprung dieser attraktiven Hunderasse reicht vermutlich weit ins Altertum zurück. So findet sich bereits auf der Grabplatte eines ägyptischen Pharaonengrabes aus der Zeit um 2000 v.Chr. die Darstellung eines dalmatinerähnlichen Hundes. Und auch aus den folgenden Epochen sind immer wieder ähnliche Hunde, nicht nur auf Gemälden, sondern auch in Reiseberichten aus den verschiedensten Gegenden überliefert. In der Malerei wurden sie meist in Jagdszenen und als Begleiter von Kutschen dargestellt. Die Bezeichnung »Dalmatiner« taucht übrigens erstmals in Thomas Bewick`s »History of Quadrupeds« (Geschichte der Vierfüßer) aus dem Jahre 1771 auf.

Die verspielten Dalmatinerwelpen lieben solche kleinen Höhlen-Abenteuer.

Wie der Dalmatiner zu uns kam

Heute geht man davon aus, daß diese Rasse in Dalmatien an der Adriaküste ihren Ursprung hatte und von dort aus durch Seefahrer in andere Länder gebracht wurde. Besonders geschätzt wurde unser Dalmatiner früher als Begleiter der Kutschen adeliger Familien, und zwar nicht nur als Beschützer sondern auch wegen seiner vornehmen Erscheinung. Und speziell in Amerika war er weit verbreitet als Begleiter der von Pferden gezogenen Feuerwehrfahrzeuge. Indem der auffällige Hund bellend vorauslief, sorgte er für freie Fahrt. Kein Wunder also, daß er dort noch heute manchenFeuerwehren als Maskottchen dient.

Zum Ende des 19.Jahrhunderts erfreute sich diese Hunderasse besonders in England großer Beliebtheit und so widmete man sich dort intensiv ihrer planmäßigen Reinzucht. Einen bedenklichen Rückgang der Dalmatiner-Population verursachten die weltweite Verdrängung der Kutschen durch das Auto sowie die Kriegsauswirkungen. Nur dem engagierten Einsatz englischer Dalmatinerliebhaber ist es zu verdanken, daß die Rasse bis heute erhalten geblieben ist und sich nach wie vor in vielen Ländern großer Beliebtheit erfreut.

Wo es Dalmatiner gibt

Als Halter eines Dalmatiners sollten Sie unbedingt großen Wert auf eine gute Herkunft legen. Auch wenn Sie nichts »Besonderes« - beispielsweise Ausstellungen oder Prüfungen - mit dem Hund vorhaben, sondern er »nur« ein Familienmitglied sein soll. Die größte Gewähr, einen gesunden, typischen Dalmatiner (→ Seite 4/5) zu erstehen, haben Sie, wenn Sie Ihren Hund von einem Züchter kaufen, der Mitglied in einem von der FCI (Fédération Cynologique Internationale) anerkannten Rassehundezuchtverband ist (→ Adressen, Seite 62).

Rassehundezuchtverbände: In Deutschland sind dies der Deutsche Dalmatiner Club von 1920 e.V.(DDC), der Club für Dalmatiner Freunde e.V.(CDF) sowie der Dalmatiner Verein Deutschland e.V.(DVD). Wer sich für einen Dalmatiner aus dem Ausland interessiert, bekommt vom Verband für das Deutsche Hundewesen e.V. (VDH) entsprechende Adressen (→ Seite 62). Welpen aus diesen Clubs und Vereinen im In- und Ausland stammen in der Regel von Hobbyzüchtern und haben Elterntiere, die eine Reihe von Bedingungen erfüllen müssen (→ Zuchtvoraussetzungen, Seite 38), um überhaupt zur Zucht verwendet werden zu dürfen. Auf der Ahnentafel eines solchen Welpen finden Sie neben dem Kürzel des Clubs immer auch die Abkürzungen »FCI«, dazu in Deutschland den Zusatz »VDH«. Eine gute Gelegenheit, Züchter und andere Dalmatinerfreunde sowie deren Vierbeiner kennenzulernen, ist der Besuch einer der zahlreichen nationalen und internationalen Hundeausstellungen (→ Seite 14).

Hinweis: Termine und Veranstaltungsorte im In- und Ausland erfahren Sie beim VDH oder bei den Clubs.

Der richtige Züchter

Besuchen sie möglichst mehrere Züchter, um den besten auszuwählen. Wichtig ist, daß die Welpen mit engem Familienanschluß und nicht abseits in einem Zwinger, und sei er noch so sauber, aufwachsen. Ihre Umgebung sollte abwechslungsreich gestaltet sein und ihnen ausreichend Gelegenheit geben, um erste Umwelterfahrungen zu sammeln. Dazu gehören u.a. entsprechende Spielsachen und Kauartikel (→ Seite 34) aus dem Fachhandel .

Gut geprägte, wesensfeste Welpen nähern sich den Besuchern freudig und vertrauensvoll. Sie sind wohlgenährt und machen rundherum einen zufriedenen, gesunden Eindruck. Bei scheuen, ängstlichen Jungtieren ist deswegen Vorsicht geboten!

Ein guter Züchter:

✔ hält alle seine Hunde mit engem Familien-anschluß.

✔ gibt den Käufern einen Futterplan sowie Futter für die ersten Tage mit.

✔ wird nicht mehrere Würfe gleichzeitig auf-ziehen, um genügend Zeit für die Welpen zu haben.

Hier sollten Sie nicht kaufen

Züchtet ein »Hundevermehrer« gleich mehrere verschiedene Rassen oder verkauft gar nur die Welpen, ohne sie selbst zu züchten, sollten Sie hier nicht kaufen. Hunde aus ausschließlicher Zwingerhaltung sowie aus Zoohandlungen oder Kaufhäusern sollten Sie ebenfalls nicht erwer-ben. Auch von kranken Welpen sollte man die Finger lassen. Durch einen Kauf aus Mitleid un-terstützen Sie nur gewissenlose Hundehändler und tragen somit zur rücksichtslosen Ausbeu-tung der Zuchthündinnen bei.

Welpe oder erwachsener Hund?

Ein Welpe macht im Gegensatz zum erwachse-nen Dalmatiner ohne Zweifel sehr viel Arbeit. Dafür ist er aber in seinem Wesen noch nicht endgültig festgelegt und Sie können mit dem entsprechenden Wissen ganz gezielt für eine optimale Entwicklung sorgen (→ Wichtige Hin-weise, Seite 63).

Beim erwachsenen Dalmatiner sind diese Schritte weitgehend abgeschlossen. Je nach-dem, wie sein Leben verlaufen ist - ob er bei-spielsweise auch schlechte Erfahrungen ge-macht hat - kann es hier einige Überraschun-gen geben. Versuchen Sie daher, möglichst viel über seine Vorgeschichte zu erfahren.

Beim spielerischen Tauziehen messen die jungen Dalmatiner ihre Kräfte.

T I P

Standardmerkmale

Der Dalmatiner ist ein starker, muskulöser, lebhafter Hund mit großer Ausdauer im Laufen. Sein Körperbau ist harmonisch und ohne Schwerfälligkeit. Seine Bewe-gungen sind kraftvoll und rhythmisch mit ausgreifendem Schritt. Die Pfoten sind rund und fest, sogenannte »Katzenpfo-ten«. Er hat ein angenehmes, freundliches Wesen ohne Nervosität oder Aggressi-vität. Das Fell ist kurz, hart und glatt. Die Grundfarbe ist reinweiß, die Tupfen sind entweder tiefschwarz oder leberfarben. Beim schwarz getupften Farbschlag sind die Augen dunkel, beim braun getupften mittelbraun bis bernsteinfarben. Die idea-le Größe liegt bei der Hündin zwischen 54 und 59 cm Schulterhöhe, bei einem Gewicht von ca. 24 kg; Rüden werden 56 bis 61 cm hoch und ca. 27 kg schwer.

Rüde oder Hündin?

Weibliche und männliche Dalmatiner sind gleich anhänglich und verschmust.

Rüden brauchen im allgemeinen jedoch eine festere Hand bei der Erziehung und neigen eher zu Meinungsverschiedenheiten mit ihresglei-chen. Auch haben sie mehr Kraft, werden ein Stück größer als die Hündinnen und sind das ganze Jahr über paarungsbereit und an den Da-men interessiert.

Hündinnen werden 1-2 mal jährlich – im Ab-stand von 6 oder mehr Monaten – etwa drei Wochen läufig, was viel Aufmerksamkeit des Besitzers erfordert, um unerwünschten Nach-wuchs zu vermeiden (→ Seite 39).

IM PORTRÄT:
DALMATINER

Beim Dalmatiner sind zwei Fellfarben zugelassen: schwarz-weiß getüpfelt und braun-weiß getüpfelt, wobei es auch noch auf die richtige Verteilung der Flecken - die sogenannte Fleckung - ankommt.

*7 Wochen
alter Welpe mit
dunklen Ohren.*

*Foto oben: Hündin, 1 Jahr, mit leichter
bis mittlerer Fleckung.*

*Foto oben: 2- u. 3-jährige
Hündinnen, stark gefleckt
mit leichten Sprenkeln und
fast durchgefärbten Ohren.*

*Foto rechts: 3-
jährige Hündin,
stark gefleckt, mit
Sprenkeln und
dunklen Ohren.*

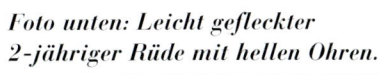
Foto unten: Leicht gefleckter
2-jähriger Rüde mit hellen Ohren.

Foto oben: 3-jähriger Rüde, fast optimale,
mittlere saubere Fleckung, mit marmo-
rierten Ohren.

Foto links:
7-jährige
Dalmatiner-
Hündin.

Foto oben: Mittel
gefleckte Hündin
mit fast durchge-
färbten Ohren.

Foto rechts:
Beim Welpen
ist die Fleckung
noch nicht
ganz »fertig«.

(→ Adressen, Seite 62)

TIP

Beim Kauf unbedingt beachten

Im Zusammenhang mit dem Gen für die weiße Fellfarbe tritt beim Dalmatiner manchmal völlige oder einseitige Taubheit auf. Zuchthunde der genannten Vereine (→ Adressen, Seite 62) müssen durch eine spezielle audiometrische Untersuchung ihre intakte Hörfähigkeit nachweisen. Für Welpen gibt es bis jetzt keine einheitliche Untersuchungspflicht. Alle drei Vereine bieten jedoch die Möglichkeit, bereits Welpen mit dieser Spezialuntersuchung auf ihre Hörfähigkeit hin zu testen. Völlige Taubheit kann ein erfahrener Züchter meist so erkennen, eine einseitige Taubheit ist jedoch nur durch die audiometrische Untersuchung sicher nachzuweisen. Fragen Sie beim Kauf danach. Achten Sie außerdem darauf, daß die Eltern nicht eng miteinander verwandt und frei von Haut- und sonstigen Krankheiten sind sowie ein normales Verhalten ohne Ängstlichkeit, Nervosität oder Aggressivität zeigen.

Die Auswahl des richtigen Welpen

Für ein gutes Zusammenleben ist es wichtig, daß Mensch und Hund zusammenpassen. So wird z.B. jemand, der dem Hund gegenüber wenig Durchsetzungsvermögen hat und eher weich ist, keine Freude an einem dominanten Rüden haben. Wer den Wurf öfter besuchen kann, wird die unterschiedlichen Charaktere im Lauf der Wochen gut kennenlernen. Ansonsten hilft der Züchter bei der Auswahl.

Charaktermerkmale: Ganz allgemein läßt sich sagen, daß Welpen, die gerne an Menschen hochspringen und versuchen, in die Kleidung oder die Hände zu beißen, ein starkes Selbstbewußtsein haben. Ein solcher Welpe läßt sich auch ungern auf den Rücken legen, zeigt aber keine Angst. Geht man mit ihm ein Stück spazieren, läuft er gerne voraus. Ein umgänglicherer Welpe dagegen zeigt unterwürfiges Verhalten wie etwa Lecken der Hände oder Pfötchen geben. Er läßt sich entspannt, ohne große Gegenwehr und ohne Angst auf den Rücken legen. Geht man ein Stück mit ihm, bleibt er nahe beim Menschen.

Der beste Zeitpunkt: Die endgültige Auswahl sollten Sie in der siebten Lebenswoche treffen. Nach Hause holen können Sie Ihren Welpen dann Anfang der achten, spätestens aber in der zehnten Woche.

Die Hundeausstellung

Wer sich auf einer der großen internationalen Ausstellungen oder auf einer Clubschau über

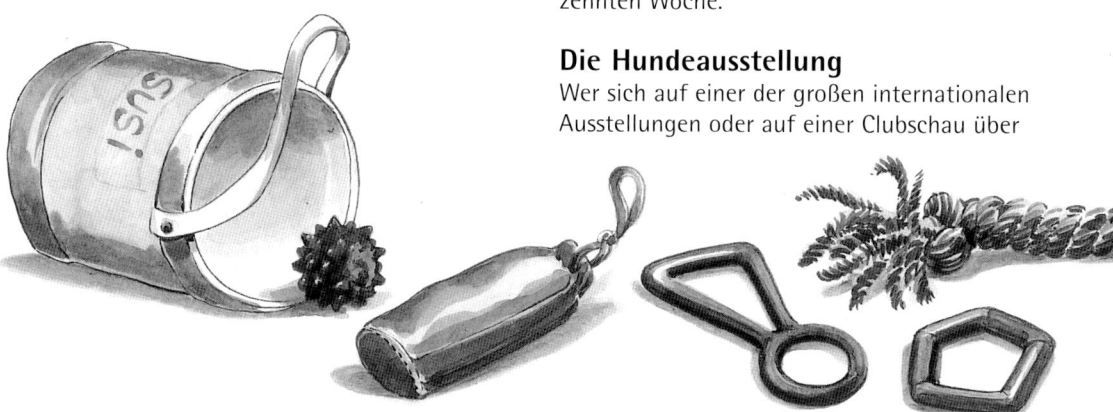

Dalmatiner informiert, findet vielleicht Gefallen am Ausstellungsgeschehen und möchte auch den eigenen Hund später mal öffentlich präsentieren. Haben Sie das ernsthaft vor, dann sollten Sie Ihren jungen Hund unbedingt bei einem Züchter mit viel Erfahrung kaufen (→ Der richtige Züchter, Seite 10). Dieser kann schon bei den Welpen in etwa voraussagen, welcher das Zeug zum Ausstellungshund haben wird. Aber auch ein Welpe, der nicht nach diesen Gesichtspunkten ausgesucht wurde, kann zu einem schönen, typvollen Dalmatiner heranwachsen und seinen Besitzer so auf Ausstellungsgedanken bringen. Die Züchter jedenfalls freuen sich in der Regel sehr, wenn der eine oder andere Welpenkäufer seinen Hund auf Ausstellungen präsentiert. Eine von der FCI (→ Adressen, Seite 62) anerkannte Ahnentafel ist allerdings die Voraussetzung zur Teilnahme.

Was wird bewertet?

Eine Hundeausstellung ist in erster Linie ein Schönheitswettbewerb. Bewertet werden der Körperbau, die Tüpfelung, sowie das Verhalten im Ring und die allgemeine Erscheinung (→ Rassestandard, Seite 11). Daneben wirkt sich auch das richtige Vorführen auf die Bewertung aus. Auf internationalen Schauen starten die einzelnen Rassen innerhalb der FCI-Gruppe, zu der sie gehören. Die Dalmatiner gehören seit Anfang 1997 auch in Deutschland nicht mehr zur Gruppe 9, Gesellschafts- und Begleithunde, sondern zur Gruppe 6, den Lauf- und Schweißhunden.

Klassen: Die Hunde werden ihrem Alter und eventuellen Titeln entsprechend in folgende Klassen eingeteilt:

✔ Jüngstenklasse 6-9 Monate,
✔ Jugendklasse 9-18 Monate,
✔ Offene Klasse ab 15 Monate,
✔ Championklasse ab 15 Monate,
✔ Veteranenklasse ab 7 Jahre,
✔ Ehrenklasse für Champions ab 7 Jahre.

Dabei werden Rüden und Hündinnen getrennt bewertet. Aus den einzelnen Klassen wird dann jeweils der beste Rüde und die beste Hündin ermittelt. Diese beiden treten am Schluß gegeneinander an und der Sieger daraus ist Rassenbester.

Auf Clubschauen der Dalmatinervereine und internationalen Ausstellungen für alle Rassen winken den besten Dalmatinern Anwartschaften auf begehrte Championtitel. Wer Mitglied in einem der Dalmatinerclubs ist, findet Ankündigungen der Ausstellungen in den Clubzeitungen und kann dort auch Meldeformulare anfordern.

Hinweis: Meldescheine und Termine finden Sie auch in der Verbandszeitschrift des VDH oder erhalten diese direkt beim VDH (→ Adressen, Seite 62).

Der Zoofachhandel bietet Hundespielsachen für jung und alt in reicher Auswahl.

Die richtige Ausstattung

Die 7 Wochen alten Welpen spielen begeistert mit dem Frisbee.

Für die artgerechte Haltung Ihres Dalmatiners brauchen Sie eine gewisse Grundausstattung. Damit sich der Hund von Anfang an bei Ihnen zuhause fühlt, sollten Sie alles schon gekauft haben, bevor Sie den Welpen zu sich holen (→ Checkliste, Seite 17).

Der Schlafplatz

Er sollte sich an einer zugfreien Stelle der Wohnung befinden. Zu empfehlen ist ein Platz, an den der Hund sich zwar zurückziehen kann, ohne dauernd gestört zu werden, von dem aus er aber trotzdem das Familiengeschehen verfolgen kann. Was Sie dafür letztlich als Lager aus-wählen, ist weitgehend Geschmackssache. Der Fachhandel bietet Ihnen jedenfalls eine reiche Auswahl an Körben, Decken, Kissen usw. Wichtig ist jedoch, daß das Hundebett waschbar ist und groß genug, damit Ihr Dalmatiner seitlich ausgestreckt bequem auf seinem Bett liegen kann (→ Zeichnung, Seite 19).

<u>Der Hundekorb:</u> Ein Korb für ein ausgewachsenes Tier sollte etwa 80 cm lang sein. Körbe sind allerdings erst nach dem Zahnwechsel (→ Seite 37) empfehlenswert, da sie sonst allzu schnell den Welpenzähnen zum Opfer fallen können.

Futter- und Wassernapf

Verwenden Sie nur Näpfe, die unempfindlich, gut zu reinigen und rutschfest sind. Näpfe aus Edelstahl oder Kunststoff sind gut geeignet. Der Futternapf sollte so groß sein, daß die Mahlzeit ihn zu zwei Dritteln füllt. So vermeiden Sie, daß dem Hund beim Fressen allzu viel daneben fällt.

Halsband, Leine und Pfeife

Als Halsband für den Welpen wie für den erwachsenen Dalmatiner verwenden Sie am besten ein Leder- oder Textilhalsband. Das Welpenhalsband muß in der Weite zu regulieren sein. Das für den erwachsenen Hund kann zusätzlich eine begrenzte Zugwirkung haben.
Als Leine ist eine Hundeleine geeignet, die mittels Karabiner in der Länge verstellbar ist. Als Material bietet sich Leder, Nylon oder Polyester an.
Für »Schwererziehbare«, die unermüdlich zerren oder aggressiv gegen Artgenossen sind, gibt es Hilfsmittel wie etwa das Halti, eine Art Kopfhalfter. Die richtige Handhabung sollte man sich von einem damit erfahrenen Trainer zeigen lassen.
Pfeifen wirken auf eine größere Entfernung besser als ein Ruf. Wer eine Pfeife verwenden möchte, sollte sich eine stabile Ausführung anschaffen.

Spielzeug

Die meisten Dalmatiner spielen – nicht nur im Welpenalter – ausgesprochen gern. Bieten Sie Ihrem Hund deshalb eine Auswahl geeigneter Spielsachen an (→ Zeichnung Seite 14 und 15). Kaufen Sie nur spezielles Hundespielzeug, z.B. Bälle, Quietschtiere oder Apportel in Form eines geknoteten Taus. Achten Sie auf die richtige Größe. Der Hund soll das Spielzeug gut tragen, aber nicht verschlucken können.

Checkliste
Ausstattung

1 Waschbares Hundebett, das der Größe des Dalmatiners angepaßt sein muß.

2 Einen Futter- und einen Wassernapf, beide der Größe des Hundes angepaßt. Sie müssen rutschfest und gut zu reinigen sein.

3 Ausreichende Menge von dem Futter, das auch der Züchter verwendet.

4 In der Weite regulierbares Halsband und längenverstellbare Leine aus Leder oder textilem Material.

5 Stabile Hundepfeife, z.B. eine Jagdhunddressurpfeife, keine lautlose. Erhältlich im Zoo- oder Jagdfachhandel.

6 Verschiedene hundegerechte Spielsachen, mit denen der Dalmatiner gut spielen kann, ohne sie zu verschlucken.

Von seiner gewohnten Umgebung sowie von Mutter und Geschwistern getrennt zu werden, ist für jeden Welpen eine einschneidende Erfahrung. Deshalb sollte man ihm seinen »Umzug« so angenehm wie möglich machen.

Der heimische Geruch

Einige Zeit, bevor sie den Welpen abholen, sollten Sie dem Züchter ein Handtuch oder eine kleine Decke geben, die er dann in das Schlaflager der Hundefamilie legt. Wenn Sie den Welpen holen, nehmen Sie diese Decke wieder mit nach Hause und legen Sie sie auf sein Bett. So hat er noch eine Zeit lang den vertrauten Geruch von Mutter und Geschwistern um sich.

Der Transport

Wird der Welpe mit dem Auto abgeholt, sollte man unbedingt zu zweit sein. Gut ist es, wenn sich bereits bei der Heimfahrt ein Erwachsener, der zu seinem neuen »Rudel« gehört, um den Welpen kümmert. Holen Sie Ihren Welpen mit der Bahn, dem Flugzeug oder aus dem Ausland, erkundigen Sie sich bitte rechtzeitig nach den Formalitäten. Für den Transport brauchen Sie Halsband und Leine, frisches Wasser für unterwegs, sowie eine Rolle Küchenkrepp für »Zwischenfälle«. Sie können den Welpen entweder mit einer Decke auf den Schoß nehmen, oder ihn in einem mit der Decke ausgelegten Waschkorb oder ähnlichem transportieren. Keinesfalls darf er in eine geschlossene Kiste oder gar in den Kofferraum gesperrt werden.

Hinweis: Einige Stunden vor der Heimreise sollte der kleine Dalmatiner nichts mehr zu fressen bekommen, damit er nicht erbricht. Denken Sie bei der Fahrt mit dem Auto an regelmäßige Pausen. Halten Sie den Welpen dabei immer an der Leine!

So transportieren Sie den jungen Dalmatiner auf der Heimfahrt richtig.

Die Ankunft Zuhause

Wenn Sie daheim ankommen, bringen Sie den Welpen für den Fall, daß er »muß«, erst einmal zu seinem zukünftigen Löseplatz. Anschließend kann er sein neues Heim erkunden. Zuerst soll er in Ruhe nur seine neue Familie kennenlernen. Vertrösten Sie deshalb Bekannte und Verwandte auf später. Die Familienangehörigen sollten ebenfalls nicht auf ihn einstürmen, auch wenn die Freude verständlicherweise sehr groß ist. Das Dalmatinerkind wird von sich aus Kontakt aufnehmen.

Der Welpe sollte immer seinen festen Futterplatz mit Freß- und Trinknapf haben.

Vielleicht ist es schon zu einem Spielchen aufgelegt, vielleicht möchte es aber auch ein Nickerchen machen. Zeigen Sie ihm einige Spielsachen und seinen Schlafplatz. Hat der Welpe Hunger, bekommt er seine erste Mahlzeit im neuen Heim.

Erziehung zur Stubenreinheit
Je besser Sie Ihren Welpen beobachten, um so schneller wird er stubenrein sein. Nach einem Schläfchen, nach dem Fressen und auch während des Spielens sollten Sie ihn zu seinem Löseplatz tragen. Ebenso, wenn er intensiv am Boden schnuppert oder beginnt, sich im Kreis zu drehen.
Der Löseplatz: Er sollte immer die gleiche Stelle sein. Durch die Gewöhnung an diese Stelle und die Verknüpfung mit seinem eigenen Geruch dort wird er bald verstehen, was von ihm erwartet wird. Loben Sie ihn, wenn er »erfolgreich« war.

Nachts: Begrenzen Sie seinen Bewegungsfreiraum, in dem Sie ihn z.B. in eine nicht zu kleine Kiste setzen. Falls er »muß«, wird er sich melden, weil er seinen Schlafplatz nicht verschmutzen möchte. Da er ganz in Ihrer Nähe schläft, werden Sie merken wenn er unruhig wird. Bringen Sie Ihn dann sofort hinaus und vergessen Sie auch nachts das Lob nicht.

Schadensbegrenzung: Passiert doch mal ein »Malheur« in der Wohnung und Sie erwischen ihn »auf frischer Tat«, sagen Sie nur streng »pfui« und tragen ihn sofort zu seinem Löseplatz. Entdecken Sie die Hinterlassenschaft erst später, wird die Stelle kommentarlos gereinigt und desinfiziert, damit der Geruch den Welpen nicht dazu animiert, diese Stelle wieder zu benutzen.

Eine Hand stützt das Hinterteil, die andere den Rücken – so tragen Sie den Welpen richtig.

Der Schlafplatz
Besonders für einen Welpen ist es unnatürlich, getrennt vom übrigen Rudel zu schlafen. Er braucht das Gefül der Geborgenheit und Nähe der Rudelmitglieder. Deshalb ist es wichtig, daß sich der Schlafplatz für die Nacht in der Nähe der »Rudelmitglieder« befindet. Also lassen Sie ihn entweder in Ihrem Schlafzimmer oder direkt davor schlafen. So fühlt er sich geborgen und Sie merken, falls er nachts hinaus muß.

Wenn er schläft, darf der Welpe auf gar keinen Fall gestört werden.

DER RICHTIGE UMGANG IM ALLTAG

Richtig gehalten, ist der Dalmatiner ein anpassungsfähiges, unkompliziertes Familienmitglied. Um Probleme gar nicht erst entstehen zu lassen, ist es wichtig, möglichst viel über seine Entwicklung und den richtigen Umgang mit ihm zu wissen.

Das Wesen des Dalmatiners

Der Dalmatiner ist ein unkomplizierter Hund, der viel Bewegung und engen Familienanschluß braucht. Er ist also weder für phlegmatische, unsportliche Menschen noch für eine Haltung im Zwinger geeignet. Wegen seines sensiblen Wesens schätzt er möglichst ausgeglichene Menschen, denen gegenüber er freundlich ist, ohne dabei aufdringlich zu sein. Da er fröhlich, lebhaft und verspielt ist, ist ein Dalmatiner der richtige Partner für verschiedene Ausbildungen im Hundesport wie z.B. Begleithund, Agility, Obedience usw. (→ Seite 50/51). Außerdem ist er der ideale Begleiter für Radfahrer, Jogger und Reiter (→ Fotos, Seite 20 und 29).
Der Dalmatiner zeigt zwar einen gewissen Wach- und Schutzinstinkt. Diese Eigenschaften sollten aber nicht zu stark ausgeprägt sein, weshalb z. B. eine Ausbildung zum Schutzhund keine rassegerechte Beschäftigung für ihn darstellt. Manche Dalmatiner haben einen mehr oder weniger entwickelten Jagdtrieb, der sich bei entsprechender Erziehung aber gut kontrol-

Als Begleiter beim Radfahren soll der Dalmatiner immer rechts vom Rad laufen.

lieren läßt. Ein typischer Dalmatiner ist zwar temperamentvoll, jedoch nicht nervös und läßt sich gut an Kinder (→ Seite 27) und Heimtiere (→ Seite 28) gewöhnen. Wie für alle Hunde, ist auch für den Dalmi eine gründliche, konsequente Erziehung (→ Seite 24 und 48/49) von klein auf unerläßlich.

Die Entwicklung des Welpen

Die ersten zwanzig Wochen im Leben eines Welpen bezeichnet man als sensible Phase. Eindrücke und Erfahrungen in dieser Zeit prägen sich ihm für sein ganzes Leben ein, positiv wie negativ. Ein ungünstiger Verlauf dieser Phase kann daher später nur noch schlecht ausgeglichen werden.

Dritte bis etwa achte Woche: Jetzt prägt sich dem Welpen ein, was ein Artgenosse ist. Da auch der Mensch für ihn etwas vergleichbares ist, vollzieht sich die Prägung auf den Menschen ebenfalls in dieser Zeit. Ausreichender Kontakt und positive Erfahrungen mit verschiedenen Menschen legen jetzt den Grundstein für das Vertrauen des Welpen zum Menschen. Eine abwechslungsreiche Umgebung mit Spielzeug und ausreichend Möglichkeiten, Erfahrungen mit der Umwelt zu sammeln, wirken sich ebenfalls sehr positiv auf die Entwicklung aus. Deshalb hier nochmals: Den Züchter sorgfältig auswählen! (→ Seite 10).

Achte bis etwa vierzehnte Woche: Diese Zeit wird auch »Sozialisierungsphase« genannt. Zu Anfang dieser Phase sollte der Welpe in sein neues Zuhause einziehen. Denn jetzt steht das soziale Lernen im Vordergrund – er lernt, sich in seine Familie einzugliedern, ist bereit, die Regeln des Zusammenlebens, Grenzen und Tabus zu akzeptieren. Deshalb muß die Erziehung auch sofort beginnen. Gewöhnen Sie ihn durch die Verknüpfung mit positiven Situationen, z.B. füttern oder streicheln, an Leine und Halsband, sowie an seinen Namen. Der kleine Dalmatiner darf allerdings nicht überbehütet sein, sondern soll allmählich mit allem vertraut gemacht werden, was zu seinem Lebensumfeld gehören wird: verschiedenste Geräusche, unterschiedliche Geländeformen, Böden und Treppen, Kontakt zu Menschen, Gewöhnung an den Verkehr usw. Er darf aber auch nicht überfordert werden. Ermöglichen Sie ihm viel Kontakt zu anderen Hunden, besonders zu gleichaltrigen. Denn jetzt lernt er auch, wie er sich seinen Artgenossen gegenüber richtig verhält. Besuchen Sie deshalb mit ihm, wenn irgend möglich, Welpenspieltage (→ Seite 23).

Wie es weitergeht: Zunehmend entwickelt sich eine starke Bindung zwischen dem Dalmatiner und seinen Menschen. Der Junghund wird

selbständiger und versucht auch schon mal, akzeptierte Regeln zu überschreiten und so seinen »Rudelführer« (→ Seite 24) auf die Probe zu stellen. Vermeiden Sie unerwünschte Erfolgserlebnisse Ihres Dalmatiners.

Im zweiten Lebenshalbjahr kommt Ihr Vierbeiner in die Pubertät. Auch jetzt kann es sein, daß der Gehorsam vorübergehend nachläßt. Nun sind Sie erneut mehr gefordert, ihn an die geltenden Regeln zu erinnern. Je beständiger und konsequenter Sie ihn erziehen, um so vertrauensvoller wird die Bindung sein und um so bereitwilliger wird Sie Ihr Dalmatiner als übergeordneten Partner respektieren (→ Seite 24).

Die Geschlechtsreife erkennen Sie bei der Hündin daran, daß sie läufig wird (→ Seite 39). Der Rüde beginnt, das Bein zu heben und seine Duftmarken zu verteilen.

So kann der Welpe spielerisch ans Treppensteigen gewöhnt werden.

Die Entwicklung des Dalmatiners im ersten Lebensjahr

Das erste Le-benshalbjahr (Sensible Phase)	<u>Erste und zweite Lebenswoche</u> Welpe ist weitgehend hilflos; selbständige Suche nach Gesäuge und Wärme sind aber bereits wichtige Erfahrungen. <u>Dritte bis achte Woche</u> Welpe ist zunehmend mobil und an der Erkundung seiner Umwelt interessiert. Jetzt kommt es zur Prägung auf Artgenossen und auf den Menschen. <u>Neunte bis etwa fünfzehnte Woche</u> Der junge Hund ist bereit, sich in einen sozialen Verband einzuordnen. Entstehung einer starken Bindung an sein Zuhause; allmähliche Entwicklung der Bindung an seine Menschen. <u>4. und 5. Lebensmonat</u> Junghund zeigt eine mehr oder weniger ausgeprägte Flegelphase: versucht geltende Regeln zu umgehen, testet den »Rudelführer«.
Der halb-jährige Dalmatiner	<u>Prägungsphasen sind abgeschlossen.</u> Bei gutem Verlauf dieser Zeit sind Sie nun der Mittelpunkt im Leben Ihres Dalmatiners und werden bereitwillig als übergeordneter Partner akzeptiert.
Das zweite Lebenshalbjahr	<u>Dalmatiner wird geschlechtsreif.</u> Hündinnen werden zum ersten Mal läufig, Rüden beginnen zu markieren. Pubertät kann von erneuter Flegelphase oder auch leicht unsicherem Verhalten begleitet sein.

Der erwachsene Dalmatiner

Mit etwa zwei Jahren ist die Kindheit endgültig vorbei und der Dalmatiner erwachsen. Haben Sie es ernst genommen mit seiner Erziehung, werden Sie nun für viele Jahre einen angenehmen Begleiter haben, dessen Lebensmittelpunkt Sie und Ihre Familie sind. Dalmatiner können etwa zwölf bis fünfzehn Jahre alt werden. Daß Ihr Hund nicht mehr der Jüngste ist, erkennen Sie beispielsweise daran, daß er sich beim Aufstehen schwerer tut, nicht mehr so bewegungsfreudig ist, oder daß sein Verdauungssystem empfindlicher wird. Wie Sie speziell mit dem alten Hund richtig umgehen, erfahren Sie im Tip auf Seite 58.

Welpenspieltage und Ausbildungskurse

Welpenspieltage und Ausbildungskurse tragen dazu bei, daß sich Ihr Dalmatiner richtig entwickeln kann und lernt, sich gut zu benehmen. <u>Welpenspieltage:</u> Von etwa der neunten Lebenswoche an bis etwa zur sechzehnten Woche sollten Sie mit Ihrem Hundekind solche Spieltage besuchen. In Gruppen von sechs bis acht etwa gleich alten und gleich großen Welpen lernen sie, wie man sich anderen Hunden gegenüber richtig verhält. Durch gemeinsame Erlebnisse und die Gewöhnung an optische und akustische Eindrücke wird ihr Selbstvertrauen gefördert. Gleichzeitig erhält der Hundebesitzer viele

wichtige Informationen und lernt, dem Welpen spielerisch erste Kommandos schmackhaft zu machen. Im Vordergrund steht jedoch das Spielen, keinesfalls das Üben. Welpen- oder Prägungsspieltage werden meist von Hundevereinen, aber auch von Privatpersonen angeboten.

Ausbildungskurse: Ist er etwa ein halbes Jahr alt, kann sich der junge Dalmatiner schon etwas länger konzentrieren. Jetzt ist der richtige Zeitpunkt, um mit ihm - beispielsweise bei einem örtlichen Hundesportverein - eine Ausbildung zum Begleithund zu beginnen. Achten Sie darauf, daß in kleinen Gruppen (5-7 Teilnehmer) gearbeitet wird. Die Ausbildung sollte ohne unnötigen Zwang oder Drill erfolgen, weder die Verwendung von Stachel- noch Würgehalsbändern sollte eine Voraussetzung zur Teilnahme sein.

Beim Spiel mit dem Ziehtau sollte jeder mal gewinnen.

So respektiert Ihr Dalmatiner Sie

Um zu überleben, ist es wichtig, daß ein Rudel von einem fähigen Rudelführer geleitet wird. Dies ist auch noch im Instinkt des Haushundes verankert. Verhalten Sie sich dementsprechend, wird Ihr Dalmatiner Sie ohne Probleme als übergeordneten Partner akzeptieren. So braucht er sich nicht um das Überleben des Rudels zu kümmern und gleichzeitig vermitteln Sie ihm Sicherheit und Vertrauen.

Grundsätzlich gilt:

✔ Der Hund hat sich nach Ihnen zu richten, nicht umgekehrt.

✔ Bleiben Sie bei der Erziehung konsequent

und beständig. Bestehen Sie auf der Einhaltung der von Ihnen eingeführten Ge- und Verbote.

✔ Lassen Sie ihn nicht auf Sofa, Bett und Sessel. Solche erhöhten Liegeplätze sind im Rudel den ranghohen Mitgliedern vorbehalten.

✔ Füttern Sie ihn nicht unmittelbar bevor Sie essen, sondern danach. Rangniedrige Rudelmitglieder fressen zum Schluß.

✔ Ihr Hund darf Menschen gegenüber weder sein Futter noch seinen Schlafplatz, ein Spielzeug o. ä. verteidigen. Nehmen Sie ihm immer wieder mal schon als Welpe während des Fressens seine Schüssel kurz weg.

✔ Das gleiche gilt für Spielzeug, Knabberhäppchen usw. Knurrt er nicht, bekommt er sein Futter oder Spielzeug wieder. Beginnt er zu knurren, bekommt er seine Dinge erst wieder, wenn er freundliches Verhalten zeigt.

Um überschüssige Energie loszuwerden, ist gemeinsames Toben genau richtig.

✔ Legen Sie den Welpen in neutralen Situationen gelegentlich sanft auf den Rücken und kraulen ihm den Bauch. So fördern Sie seine Unterordnungsbereitschaft.

Mit dem Dalmatiner spielen

Nicht nur das Spielen mit Artgenossen ist für den Dalmatiner wichtig, sondern auch das Spielen mit seinen Menschen. Spielen fördert die Bindung und lehrt Grundsätzliches für das Zusammenleben. Gehen Sie nicht auf jede seiner Spielaufforderung ein, sondern fordern Sie ihn Ihrerseits dazu auf. Sie bestimmen auch, wann die Spielstunde zu Ende ist. Der Hund muß ler-

---

TIP

Rechtssicherheit

Zu Ihrer eigenen Sicherheit und um Probleme rechtlicher Art zu vermeiden, sollten Sie die folgenden Punkte beachten:
✔ Schließen Sie baldmöglichst eine Hundehaftpflichtversicherung ab.
✔ Machen Sie Ihr Auto hundetauglich. Das bedeutet, daß der Hund im Auto sicher untergebracht sein muß. Fährt er im Heck eines Kombis mit, muß dieses durch ein vom TÜV zugelassenes Gitter oder Netz vom Fahrgastraum getrennt sein. Für den Sitz brauchen Sie einen speziellen Sicherheitsgurt. Ist der Hund im Auto nicht gesichert, kann es im Falle eines Unfalls zu Problemen mit der Versicherung kommen.
✔ Fragen Sie in der Stadt- oder Gemeindeverwaltung nach eventuellen Vorschriften wie Leinen- oder Maulkorbzwang und melden Sie Ihren Hund wegen der Hundesteuer an.

---

nen, dies zu akzeptieren. Verbieten Sie ihm, in Kleidung und Körperteile zu zwicken. So lernt er die Beißhemmung gegenüber dem Menschen. Bei Beutespielen darf nicht immer der Hund »Sieger« sein. Einen besonders beliebten Spielgegenstand sollten Sie gezielt zum gemeinsamen Spielen reservieren, d.h. er wird nach dem Spielen wieder weggeräumt. So werden Sie für Ihren Dalmatiner besonders interessant.

Tägliche Bewegung

Der Welpe: Der Dalmatiner ist zwar ein sehr bewegungsfreudiger Hund, trotzdem sollte der Welpe noch nicht durch lange Spaziergänge überfordert werden. Deshalb:

✔ Gehen Sie lieber ein paar Mal wenige Minuten mit ihm spazieren als einmal lang.
✔ Lassen Sie ihn dabei, wo es geht, frei laufen.
✔ Ändern Sie gelegentlich die Richtung oder verstecken Sie sich, damit Ihr Welpe lernt, darauf zu achten, wo Sie sind.
✔ Wollen Sie ihn zu sich rufen und er folgt nicht, gehen Sie zügig weiter oder verstecken Sie sich. Ein normaler Welpe wird alles daran setzen, nicht allein zurück zu bleiben.
✔ Spielen mit gleichaltrigen Artgenossen schadet ihm keineswegs. Im Gegenteil, durch die unterschiedlichen Bewegungsabläufe wird dabei der ganze Organismus trainiert.
✔ Im Laufe der Zeit werden die Spaziergänge ausgedehnt.
Der erwachsene Hund: Mit gut einem Jahr ist der Dalmatiner dann voll belastbar und Spaziergänge von eineinhalb bis zwei Stunden sind für ihn gerade richtig. Aber er freut sich auch über längere Ausflüge. Bei naßkaltem Wetter kann es allerdings sein, daß Ihr Dalmatiner die häusliche Gemütlichkeit einem ausgedehnten Spaziergang vorzieht.

Gewöhnung an das Fahrrad

Im Alter von einigen Monaten können Sie den jungen Hund in geeignetem Gelände schon mal frei am Rad mitlaufen lassen. Beginnen Sie mit kurzen Strecken und langsamem Tempo und dehnen Sie die Fahrten mit der Zeit aus. Ein allmählich daran gewöhnter Dalmi legt als ausgewachsener Begleiter neben dem Fahrrad etwa 10 bis 20 km mit einer Pause zurück.
Er soll aber nicht nur frei mitlaufen, sondern muß auch lernen, mit und ohne Leine dicht neben dem Rad zu laufen (→ Foto Seite 20):
✔ Der Hund läuft dann immer rechts vom Fahrrad, also weg vom Verkehr.
✔ Verwenden Sie dafür ein extra Kommando, z.B. »Rad« oder »Rechts«.

10 Goldene Regeln
für Kinder

1 Der Hund fühlt sich mindestens gleichrangig mit dem Kind, deshalb sollte es ihn nie disziplinieren oder ihm allein einen Knochen, seinen Futternapf oder sein Lieblingsspielzeug wegnehmen.

2 Kinder sollten den Hund nicht herumkommandieren.

3 Den Hund immer in Ruhe fressen lassen.

4 Nicht zu wild mit dem Hund spielen.

5 Ungeeignet sind Spiele, bei denen das Kind dem Hund eindeutig unterlegen ist.

6 Nicht unbeaufsichtigt mit dem Hund spielen, da das Spiel sonst zu stürmisch werden könnte.

7 Will der Hund seine Ruhe, darf er nicht weiter zum Spiel animiert werden. Schlafende Hunde dürfen nicht erschreckt werden.

8 Es sollte selbstverständlich sein, den Hund nicht zu ärgern oder ihm absichtlich weh zu tun.

9 Ein Hund, der krank ist oder Schmerzen hat, sollte besonders rücksichtsvoll behandelt werden.

10 Zeigt der Hund, daß er genug hat, etwa durch Weggehen oder Brummen, sollte das Kind dies sofort respektieren.

✔ Trainieren Sie, indem Sie das Fahrrad zuerst schieben und den Dalmatiner dabei mitführen. Erst wenn es zu Fuß gut klappt, beginnen Sie mit dem Radeln.

Mittlerweile gibt es auch eine spezielle Vorrichtung, eine Art Feder, die am Rahmen des Rades angebracht wird und an der Sie die Hundeleine befestigen können. Auf diese Weise kann der Hund das Rad normalerweise nicht zu Fall bringen.

Das Autofahren

Viele Dalmatiner haben mit dem Autofahren von Anfang an keine Probleme, andere vertragen es jedoch nicht so gut. Im letzteren Fall gehen Sie folgendermaßen vor:

✔ Gewöhnen Sie den Hund mit kurzen, langsamen und kurvenarmen Fahrten allmählich daran.

✔ Endet die Autofahrt mit etwas angenehmem wie etwa Spielen mit anderen Hunden, wird Ihr Dalmi dies bald entsprechend positiv verknüpfen.

✔ Hat Ihr Hund große Probleme mit Übelkeit, fragen Sie Ihren Tierarzt nach einem geeigneten Medikament.

✔ Fahren Sie die erste Zeit immer zu zweit, damit sich während der Fahrt einer ausreichend mit dem Hund abgeben kann.

Ganz junge Welpen nimmt man entweder auf den Schoß (→ Zeichnung, Seite 18) oder setzt sie in den Fußraum des Beifahrers. Ist der Hund ein paar Monate alt, ist sein Platz in einem Kombi das Heck, welches durch ein entsprechendes Netz oder Gitter vom Fahrgastraum abgetrennt sein muß. In anderen Autos ist er am besten auf dem Rücksitz untergebracht, gesichert mit einem Hundesicherheitsgurt.

Gewöhnung an andere Tiere

Pferd: Soll Ihr Dalmatiner Sie später z.B. auf Ausritten begleiten (→ Foto Seite 29), sollten Sie ihn bereits als Welpen mit Pferden sozialisieren. Nehmen Sie ihn dazu frühzeitig mit in den Stall, damit er mit allem vertraut wird. Achten Sie darauf, daß er nur mit solchen Pferden in Kontakt kommt, die Hunde bereits gewöhnt sind!

Heimtiere: Die Gewöhnung gelingt am besten, wenn sowohl der Hund, als auch das andere Tier noch jung ist. Vermeiden Sie aber, daß der Kontakt mit dem Hund Streß für das andere Heimtier bedeutet. Wollen Sie einen erwachsenen Dalmatiner an ein Heimtier gewöhnen, sollten Sie ihn die erste Zeit dabei unbedingt an der Leine halten. Besonders Tiere, die in das Beuteschema des Hundes passen wie z.B. Meerschweinchen oder Hamster, aber auch

Mit gegenseitigem Verständnis werden Kind und Hund die besten Freunde.

Vögel, können durch ihre Bewegungen sein
Jagdverhalten auslösen.

*Ein gut erzogener Dalmatiner ist der ideale
Kamerad für Ausritte in freier Natur.*

Begegnungen mit anderen Hunden

Begegnen sich Hündin und Rüde, gibt es normalerweise keine Probleme. Bei gleichge-
schlechtlichen Hunden sieht es bisweilen allerdings anders aus. Die wenigsten Probleme gibt
es, wenn die Tiere frei laufen. Sind sich zwei
wirklich nicht sympathisch, geht jeder Besitzer
in seine Richtung weiter und ruft seinen Hund.
Ungünstig kann es sein, wenn ein Hund angeleint ist und einer nicht. Dann sollte der frei-
laufende rechtzeitig ebenfalls angeleint werden. Ist das nicht möglich, sollte der Besitzer
des angeleinten Hundes diesen im Zweifelsfall

lieber von der Leine lassen. Jeder Hund sollte
lernen, andere angeleinte Artgenossen zu ignorieren, wenn er selbst an der Leine ist. Läßt man
angeleinte Hunde zueinander, kann leicht eine
Rauferei entstehen. Kommt es zu einer Ausein-
andersetzung, heißt es Ruhe bewahren:
✔ Greifen Sie keinesfalls in das kämpfende
Knäuel, da Hunde in dieser Situation nicht darauf achten, wohin sie beißen. Meist ist das Ge-
rangel nach ein paar Sekunden beendet.
✔ Wenn nicht, hilft, falls verfügbar, ein schar-
fer Strahl mit einem Wasserschlauch.

URLAUB MIT DEM DALMATINER

Überprüfen Sie rechtzeitig, ob der Impfschutz »auf dem Laufenden« ist.

Einige Stunden vor Reiseantritt sollte der Dalmatiner nicht gefüttert werden.

Denken Sie an das »Urlaubsgepäck« des Vierbeiners: Näpfe, Bürste, Decke, Spielsachen, gegebenenfalls die Hundepfeife, Leine und Halsband sowie genügend Futter kommen mit in den Urlaub.

Erkundigen Sie sich bei Auslandsreisen rechtzeitig nach den tierärztlichen Einreisebestimmungen sowie nach den Formalitäten bei Bahn-, Flug- und Schiffsreisen.

Fragen Sie den Tierarzt nach einer Reiseapotheke für den Hund. Dazu gehören z.B. Präparate gegen Magen- u. Darmstörungen, zur Versorgung kleinerer Verletzungen und gegen Reiseübelkeit.

Kann der Dalmatiner nicht mit in den Urlaub, sollten Sie sich, besonders in der Ferienzeit, rechtzeitig um einen Pflegeplatz bemühen.

✔ Eine andere Möglichkeit ist die, daß beide Besitzer ihre Hunde gleichzeitig an den Hinterbeinen packen und auseinanderziehen.

Die Haltung mehrerer Hunde

Vielleicht spielen Sie eines Tages mit dem Gedanken, sich neben Ihrem Dalmatiner noch einen zweiten Hund zuzulegen. Dabei gibt es im Vorfeld ein paar Dinge zu überlegen.

Eines zu Anfang: Ein Welpe wird sich sehr an seinem großen Gefährten orientieren und vieles, positives wie negatives, von diesem übernehmen.

Ein Rüde und eine Hündin: Sie verstehen sich meist am besten. Die Hündin wird allerdings zweimal jährlich läufig und der Rüde sieht fremde Rüden meist als Konkurrenten. Am besten ist es in dem Fall, einen der beiden Hunde zu kastrieren (→ Seite 58).

Gleichgeschlechtliche Hunde: Bei der Haltung gleichgeschlechtlicher Hunde kann es zu Auseinandersetzungen kommen, muß aber nicht. Günstig ist es wenn der Altersunterschied nicht zu gering ist, und der zweite Hund unterordnungsbereit. Auf keinen Fall darf sich der zuerst dagewesene Hund zurückgesetzt fühlen.

Der Dalmatiner und Kinder

Wenn ein Dalmatiner in die Familie einzieht, ist es günstig, daß die Kinder schon drei bis vier Jahre alt und damit einigermaßen verständig sind. Da Kinder ab diesem Alter nicht mehr so »pflegeintensiv« sind, haben Sie jetzt auch genügend Zeit für ein Hundekind. Grundsätzlich ist der Dalmatiner ein guter Familienhund. Er ist robust, nervenfest und verträgt schon mal einen Knuff. Dazu sind die meisten Dalmis verschmust und unermüdliche Spielkameraden. Kinderfreundlichkeit hängt nicht in erster Linie von der Rasse ab, vielmehr spielen die individuelle Veranlagung sowie die Erfahrungen und die

Aufzuchtbedingungen dafür eine große Rolle. Hat der Welpe bereits in frühem Alter beim Züchter gute Erfahrungen mit Kindern gemacht, ist das eine günstige Voraussetzung für eine Karriere als Familienhund.

Erziehung zum Familienhund: Hatte Ihr Welpe keinen Kontakt zu Kindern und ist er Ihnen gegenüber zurückhaltend, muß er behutsam an seine neuen Spielkameraden gewöhnt werden. Ein zu frecher Welpe dagegen muß von klein auf lernen, daß er mit Kindern nicht zu grob sein darf. Welpenzähne können recht schmerzhaft sein und kleine Kinder bekommen dann schnell Angst vor dem neuen Familienmitglied.

Was Kinder lernen müssen: Sie müssen wiederum lernen, daß der Dalmatiner kein Spielzeug ist, sondern ein Lebewesen mit eigenen Bedürfnissen, die sie respektieren müssen. Alle wichtigen Verhaltensregeln für Kinder sind in den 10 Goldenen Regeln auf Seite 27 zusammengefasst.

Größere Kinder: Sie können in die tägliche Pflege (→ PRAXIS Pflege, Seite 36 und 37) und Versorgung sowie in das Gehorsamstraining (→ Seite 48) mit einbezogen werden. Um allein mit einem gut erzogenen Dalmatiner spazieren zu gehen, sollte das Kind allerdings mindestens dreizehn Jahre alt sein.

Mit dem Dalmatiner verreisen

Richtig planen: Klären Sie bei der Buchung, ob Sie einen Hund mitbringen dürfen. Wer einen Badeurlaub plant, sollte sich vergewissern, daß es einen Strandabschnitt gibt, an den der Hund mit darf. Er kann unmöglich den ganzen Tag im Hotel bleiben.

Reisen mit dem Auto: Legen Sie während der Fahrt alle zwei Stunden eine Pause ein. Lassen Sie Ihren Dalmi angeleint etwas herumlaufen und sich lösen. Geben Sie ihm frisches Wasser. Der Hund darf nie bei Hitze im abgestellten Auto bleiben.

Wenn der Dalmatiner zu Hause bleibt

Kann Ihr Vierbeiner nicht mit in den Urlaub, sollten Sie sich rechtzeitig um eine gute Betreuung kümmern. Vielleicht kann ihn jemand mit Hundeerfahrung aus Ihrem Bekannten- oder Verwandtenkreis in Pflege nehmen. Manchmal nehmen auch Züchter oder andere Clubmitglieder »Urlaubsdalmis« auf. Ist dies alles nicht möglich, sollten Sie sich um einen Platz in einer guten Hundepension bemühen. Gute Hundepensionen sind rasch ausgebucht, also baldmöglichst reservieren!

Sind sie noch jung, lassen sich Tiere leicht aneinander gewöhnen.

Die Ernährung des Dalmatiners

Am Anfang dazu ein Blick auf den Wolf. Wölfe fressen ihr ganzes Beutetier samt Innereien, Mageninhalt, Knochen, usw., also mit Haut und Haar auf. Daneben bereichern sie ihren Speiseplan mit reifen Früchten des jeweiligen Lebensraumes. Auch für unseren Haushund gilt, daß Fleisch einen wesentlichen Bestandteil der Ernährung darstellt. Rohes Fleisch liefert dabei das wertvollste Eiweiß.

Fertigfutter

Fertigfutter ist leicht zuzubereiten, erfordert wenig Aufwand, ist auf die verschiedenen Bedürfnisse abgestimmt und läßt sich problemlos überall hin mitnehmen. Der Fachhandel bietet heute eine schier unüberschaubare Menge unterschiedlichster Fertigfutterprodukte für Hunde an. Achten Sie auf jeden Fall darauf, daß das Futter ihrer Wahl frei ist von Farb- und Konservierungsstoffen. Damit die Ausgewogenheit der Nahrung erhalten bleibt, sollten Sie nicht regelmäßig Fleisch oder Beikost zum Fertigfutter geben. Sie können die Mahlzeit aber abwechselnd z.B. mit einem Eidotter, etwas Quark, Obst oder Pansen verfeinern. Dies gilt auch für die selbst zubereitete Mahlzeit. Damit der Dalmatiner genug Flüssigkeit zu sich nimmt, sollte man das Fertigfutter in warmem Wasser oder Brühe einweichen. Beim Fertigfutter unterscheidet man zunächst Naß- und Trockenfutter.

Naßfutter ist in Dosen erhältlich und entweder als Voll- oder Basisnahrung zu verwenden.

Trockenfutter ist Futter, dem der Flüssigkeitsgehalt weitgehend entzogen ist. Auch hier gibt es Voll- sowie Zusatznahrung.

Der Vollnahrung muß nichts mehr hinzugefügt werden. Sie enthält sowohl Fleisch als auch Getreideerzeugnisse, Mineralstoffe und Vitamine.

Die Basis- und Zusatznahrung enthält entweder Fleisch oder Getreideerzeugnisse. Deshalb muß das eine mit dem anderen ergänzt werden. Aber auch den unterschiedlichen Ansprüchen der Hunde wird heute Rechnung getragen. So gibt es Nahrung für Welpen, Junghunde, normal beanspruchte Hunde, Leistungshunde und alte Hunde. Und für übergewichtige, empfindliche oder allergische Vierbeiner gibt es entsprechendes Diätfutter.

Eine optimale, ausgewogene Ernährung ist wichtig.

Die selbst zubereitete Mahlzeit

Wer die Mahlzeit für seinen Dalmatiner selbst zubereiten möchte, muß dabei sehr sorgfältig vorgehen, damit eine ausgewogene Ernährung gewährleistet ist. Etwa zwei Drittel der Mahlzeit sollten aus Fleisch bestehen, wobei rohes Fleisch besonders wertvoll ist. Mischen Sie hochwertiges Muskelfleisch mit weniger hochwertigem Fleisch wie z.B. Pansen. Füttern Sie aber nie rohes Schweine- oder Geflügelfleisch. Fleisch für den Hund darf auch nicht damit in Berührung gekommen sein. Schweinefleisch kann den für Hunde gefährlichen Aujeszky Virus enthalten, rohes Geflügelfleisch kann durch Salmonellen auch für den Mensch gefährlich werden. Hundefachgeschäfte bieten oft tiefgefrorenes Fleisch an, das Sie bedenkenlos roh verfüttern können.

Vitale Welpen sind verspielt, neugierig und unternehmungslustig.

Hinweis: Fleisch unklarer Herkunft sollte immer durchgekocht werden.

Beikost, Zusätze, Knabberartikel

Beikost: Etwa ein Drittel des Futters sollte aus Beikost bestehen. Sie können dafür entweder im Handel erhältliche Hundeflocken, gekochten Reis oder gekochte Haferflocken verwenden. Ein Teil der Beikost kann auch aus Gemüse und reifem Obst bestehen. Fein zerkleinertes rohes Gemüse ist nährstoffhaltiger als gekochtes.
Hinweis: Einmal wöchentlich geben Sie einen Teelöffel Pflanzenöl zum Futter. Dies ist wichtig für Haut und Fell.

Die wichtigsten Fütterungsregeln

1. Das Futter soll handwarm und nie direkt aus dem Kühlschrank oder zu heiß sein!

2. Schafft der Hund seine Mahlzeit nicht, werfen Sie die Reste weg und geben ihm beim nächstenmal weniger.

3. Füttern Sie Ihren Dalmi immer in etwa zur gleichen Zeit.

4. Nach der Mahlzeit darf der Hund mindestens eine Stunde nicht toben, um eine Magendrehung (→ Seite 56) zu vermeiden.

5. Damit der Hund etwas zu kauen hat, soll das Futter höchstens breiig sein.

6. Um den Verdauungstrakt nicht zu überlasten, sollte der Dalmatiner immer das gleiche Futter bekommen. Eine eventuelle Umstellung muß allmählich verlaufen.

7. Das sollten Sie nicht füttern: Gewürzte Essensreste, Hülsenfrüchte, Kohl, rohes Schweine- u. Geflügelfleisch, Knochen (besonders Geflügelknochen).

Futtermittelzusätze: Damit der Hund ausreichend mit Mineralstoffen, Spurenelementen und Vitaminen versorgt wird, empfiehlt sich die regelmäßige Gabe entsprechender Präparate. Dies ist besonders wichtig, wenn man das Futter selbst zubereitet. Die erforderliche Dosis hängt von der Zusammensetzung des Futters ab. Da sich hier eine Überversorgung genauso negativ auswirkt wie eine Unterversorgung, fragen Sie dazu bitte einen Tierarzt, der Erfahrung auf diesem Gebiet hat.

Knabberartikel: Dazu zählen getrocknete Schweine- und Rinderohren, Ochsenziemer, Sehnen usw., die bei den meisten Hunden äußerst begehrt sind und einen guten Ersatz für Knochen darstellen. Sie trainieren die Kaumuskulatur und tragen zur Gesunderhaltung des Gebisses bei. Und Sie bieten Ihrem Dalmatiner damit eine so ausgiebige wie genüßliche Beschäftigung.

Wichtig: Wasser

Ohne Futter kann ein Hund einige Wochen überleben, ohne Wasser dagegen nur wenige Tage. Deshalb ist es wichtig,

Größere Kinder können den Dalmatiner allein füttern.

Fütterungsbeispiel für einen 8 – 12 Wochen alten Dalmatinerwelpen

ca. 8.00 Uhr	Welpenmilch-Mahlzeit: ca. 1 Teil Milchpulver und 2 Teile heißes Wasser mit etwas Honig oder Traubenzucker, Hundeflocken oder 2-3 zerdrückten Zwiebäcken, Banane oder Apfel gut vermischen. Vitamin- und Mineralstoffpräparat zugeben.
ca. 12.00 Uhr	Fertigfutterflocken mit ungesalzener Fleischbrühe oder lauwarmem Wasser anrühren, 150g kleingeschnittenes Fleisch und eventuell etwas zerkleinertes Gemüse dazugeben.
ca. 16.00 Uhr	Etwas Welpenfertigfutter oder einen Hundekuchen oder eine Scheibe Schwarzbrot mit Quark.
ca. 20.00 Uhr	Etwa 150 g kleingeschnittenes Fleisch oder Pansen, vermischt mit Hundeflocken und geriebener Möhre.

daß für Ihren Dalmatiner stets frisches Wasser bereit steht (→ Zeichnung Seite 34). Ganz besonders gilt dies bei der Ernährung mit Trockenfutter.
Hinweis: Einen erhöhten Flüssigkeitsbedarf hat der Hund z.B. bei Stress, Hitze und vermehrter körperlicher Anstrengung.

Wieviel Futter braucht der Dalmatiner?

Die Menge der täglichen Nahrung hängt sowohl vom Alter als auch von der Beanspruchung des Hundes ab. Beim Fertigfutter können Sie sich in etwa nach den Mengenangaben auf der Packung richten. Bereiten Sie die Mahlzeit selbst zu, rechnet man für den erwachsenen, normal beanspruchten Dalmi etwa 500 g Fleisch und 200 g Beikost. Da es aber gute und schlechte Futterverwerter gibt, können diese Angaben lediglich Anhaltspunkte bieten. Prüfen Sie deshalb regelmäßig die Figur Ihres Hundes:
✔ Die Rippen sollten nicht hervortreten, aber mit der flachen Hand gut zu spüren sein.

✔ Lediglich der Welpe darf etwas Babyspeck haben.
✔ Belohnen Sie Ihren Vierbeiner zwischendurch mit Leckerchen, müssen Sie diese vom übrigen Futter abziehen.
✔ Bedenken Sie, daß Sie Ihrem Dalmi mit Übergewicht keinen Gefallen tun, sondern damit seine Gesundheit und Lebensqualität beeinträchtigen.

Die Anzahl der täglichen Mahlzeiten

<u>Beim Welpen:</u> Der Organismus leistet im Wachstum enorm viel. Deshalb benötigt ein Welpe oder Junghund im Verhältnis mehr Nahrung als der erwachsene Dalmatiner.
In der Ernährungstabelle auf dieser Seite finden Sie ein Beispiel, wie der Futterplan für einen Welpen aussehen kann.
<u>Beim erwachsenen Hund:</u> Ab einem Jahr kommt der Hund mit einer Mahlzeit täglich aus. Wird dieselbe Menge aber auf zwei Mahlzeiten verteilt, dann sollte die Hauptmahlzeit jedenfalls am frühen Abend gegeben werden.

Eine gute Pflege trägt zum Wohlbefinden des Dalmatiners bei. Regelmäßige Pflegemaßnahmen helfen, Krankheiten zu verhindern und eventuelle Krankheitssymptome frühzeitig zu erkennen (→ Seite 55). Gewöhnen Sie bereits den Welpen an die einzelnen Pflegeschritte:

✔ Sprechen Sie dazu immer laut aus, was Sie gerade tun, also z.B. »Bürsten«, »Augen anschauen« usw.

✔ Wurde der Dalmatiner so daran gewöhnt, erleichtert dies Untersuchungen beim Tierarzt und auch das Vorführen auf Ausstellungen oder Körungen.

Die Ohrenpflege
Da Hängeohren nicht so gut belüftet werden, sind sie meist pflegebedürftiger als Stehohren. Beträufeln Sie ein weiches, nicht fusselndes Tuch mit Babyöl und reinigen Sie den äußeren Gehörgang. Er soll sauber, geruchlos und frei von geröteten Stellen sein.

Die Augenpflege
Auch die Augen des Dalmatiners sind pflegeleicht. Manche Hunde haben morgens nach dem Aufwachen etwas Sekret in den Augenwinkeln. Dieses wischen Sie von innen nach außen mit einem feuchten, weichen Tuch aus. Gesunde Augen sind klar, ohne Ausfluß und Rötungen.

Die Fellpflege
Der Dalmatiner ist ein pflegeleichter Hund. Durch sein kurzhaariges Fell ist er sehr »selbstreinigend«, das heißt, Schmutz läßt sich leicht ausbürsten oder fällt von selbst ab. Er haart jedoch genausoviel wie andere Hunde und seine kurzen Haare bleiben hartnäckig überall stecken. Zur Fellpflege verwenden Sie entweder eine Borstenbürste oder einen Gummistriegel. Ebenfalls geeignet ist ein Handschuh mit Gumminoppen:

✔ Regelmäßiges Bürsten ist nicht nur gut für Haut und

Die Hängeohren Ihres Dalmis sollten Sie regelmäßig putzen.

Durch das Bürsten wird nicht nur der Schmutz entfernt, sondern auch die Haut massiert.

Die mit der Fellpflege verbundene Massage fördert das Wohlbefinden des Dalmis.

Haar, sondern hat auch eine soziale Komponente.

✔ Besonders die Massage mit einem Gummistriegel oder mit

Pfoten und Gliedmaßen

Die Ballen: Kontrollieren Sie regelmäßig die Ballen. Sind sie trocken und rissig, werden sie z.B. mit Hirschtalg oder Melkfett eingerieben. Nach einem Winterspaziergang auf salzgestreuten Wegen müssen die Ballen abgewaschen werden. Im Sommer sollte der Hund nicht auf aufgeweichtem Teer laufen.

Achtung! Beim Krallenschneiden nicht die Blutgefäße verletzen.

Die Krallen: Sie müssen ebenfalls regelmäßig kontrolliert werden. Die richtige Länge haben die Krallen, wenn sie beim stehenden Hund den Boden nicht mehr berühren.
Läuft der Hund auch auf Asphalt, braucht man sie meist nicht zu schneiden. Andernfalls oder beim Welpen können sie schon mal zu lang werden.
Die Ellenbogen: An den Ellenbogen können sich mit den Jahren Liegeschwielen bilden. Damit sie sich nicht entzünden, müssen sie ebenfalls regelmäßig kontrolliert werden. Sind sie trocken oder rissig, werden diese Stellen genau wie die Ballen eingefettet.

Die Zahnpflege

Am gesündesten bleibt das Gebiß, wenn der Dalmatiner hundegerecht ernährt wird (→ Seite 32).

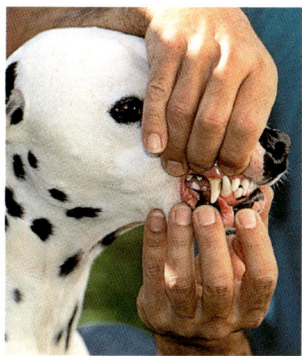

So kontrollieren Sie den Zustand des Gebisses.

Zahnwechsel: Mit etwa vier Monaten beginnt der Zahnwechsel. Der Welpe hat in dieser Zeit ein erhöhtes Kaubedürfnis. Harte Hundekuchen bzw. handelsübliche Kauartikel (→ S. 34) tragen viel zur Gesunderhaltung der Zähne bei. Achten Sie darauf, daß bis zum Alter von einem halben Jahr alle Milchzähne ausgefallen sind, damit die bleibenden Zähne im Wachstum nicht behindert werden.

dem Leder (→ Foto links) lieben die meisten Hunde sehr.
✔ Erfahren sie diese angenehmen Empfindungen von ihrem Herrchen oder Frauchen, wirkt sich das günstig auf die Hund-Mensch-Bindung aus. Die mit der Fellpflege verbundene Massage fördert das Wohlbefinden des Dalmis.

Baden

Das Baden in einigermaßen sauberen, natürlichen Gewässern schadet dem Fell nicht. Richtig baden sollte man ihn dagegen so selten wie möglich. Hat sich der Dalmi in Aas oder ähnlichem gewälzt, ist ein Bad in der Bade- oder Duschwanne unumgänglich:

✔ Verwenden Sie dazu nur spezielle Hundeshampoos mit rückfettender Wirkung, damit Haut und Haar in ihrer Schutzfunktion nicht beeinträchtigt werden.
✔ Nach dem Bad wird er gründlich abfrottiert. Bis er ganz trocken ist, darf er keiner Zugluft ausgesetzt werden.

Wenn Nachwuchs geplant ist

Vielleicht haben Sie einen besonders schönen und typischen Dalmatiner, oder möchten von ihrem Hund gerne einen Nachkommen behalten? Was auch immer die Beweggründe für den getupften Nachwuchs sein mögen, ein solches Zuchtvorhaben muß jedenfalls gründlich überdacht und geplant werden:

✔ Um einen Wurf aufzuziehen, ist sehr viel Wissen – nicht nur über die biologischen Vorgänge, sondern auch über Entwicklung und Verhalten - sowie sehr viel Zeit nötig.

✔ Auch die räumlichen Voraussetzungen spielen eine Rolle. So sollten sich die Welpen nicht nur im Haus, sondern auch im Freien aufhalten können.

✔ Nicht zu vergessen ist auch der finanzielle Aufwand. Wer seine Welpen und die Hündin optimal hält, wird keinen Gewinn erzielen. Dies sollte aber auch kein Beweggrund für das Züchten sein.

Welche Hunde sind geeignet?

Zur Zucht eingesetzt werden sollten nur solche Hunde, die die Zuchtzulassungsvoraussetzungen der Dalmatinerclubs (→ Adressen Seite 62) erfüllen. Diese Bestimmungen

sorgen dafür, daß nur Hunde die frei sind von bestimmten Krankheiten und die ein gutes Wesen sowie ein typisches Aussehen zeigen in die Zucht gehen. Da die Zuchtbestimmungen aber natürlich nicht alles abdecken können, ist immer auch die Eigenverantwortung des Hundebesitzers gefragt. Betrachten Sie Ihren Dalmatiner deshalb kritisch und bedenken Sie, daß sich auch Veranlagungen zu bestimmten Krankheiten wie z.B. Allergien, HD oder Harnsteinbildung vererben können. Züchten Sie also nur, wenn Ihr Hund rundherum vital und gesund ist und die Zuchtzulassung erhalten hat. Andernfalls schadet ein Zuchtvorhaben nur der Rasse.

<u>Hündin:</u> Eine Dalmatinerhündin kann zehn und mehr Welpen pro Wurf zur Welt bringen. Denken Sie daran, daß sie für alle Hundebabys gute Plätze finden müssen.

Hinweis: Eine Hündin muß aber keine Welpen gehabt haben, um gesund zu bleiben.

<u>Rüde:</u> Wer seinen Rüden zur Zucht verwenden will, sollte wissen, daß sich Deckrüden fremden Rüden gegenüber oft nicht mehr ganz friedlich verhalten.

Die biologische Seite

Um einen möglichst guten Wurf zu bekommen, ist es wichtig, daß Hündin und Rüde zusammenpassen. Wer zu wem paßt, hängt sowohl von den Eigenschaften der Zuchthunde wie auch von ihrer Abstammung ab. Um eine gute Mischung der Gene zu erreichen, sollten Hündin und Rüde nicht nah miteinander

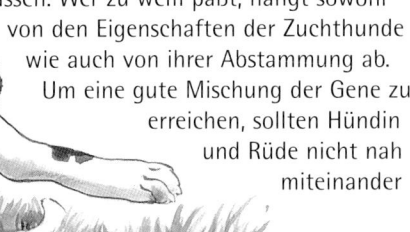

verwandt sein. In den Clubs gibt es Zuchtwarte, die Sie entsprechend beraten.

1-2mal jährlich wird die Hündin für etwa drei Wochen läufig. Achtung, nicht nur Rüden versuchen, zur Hündin zu gelangen, sondern auch die Hündin hält in dieser Zeit Ausschau nach einem geeigneten Partner.

<u>Der Deckakt:</u> Zwischen dem zehnten und fünfzehnten Tag liegt der dafür günstigste Zeitpunkt. Während des Deckaktes kommt es zum »Hängen«: die Hunde können sich bis zu einer Stunde nicht mehr voneinander trennen. Das ist ganz normal und man darf sie keinesfalls mit Gewalt trennen! Finden die beiden keinen Gefallen aneinander, ist entweder noch nicht der richtige Tag oder die beiden passen einfach nicht zueinander.

<u>Trächtigkeit:</u> Während der Trächtigkeit braucht die Hündin genügend Bewegung, um die richtige Kondition für die Geburt zu bekommen. Sie darf sich aber nicht überanstrengen und in dieser Zeit nicht im Sport eingesetzt werden. Ihre Ernährung muß auf die besonderen Bedürfnisse umgestellt werden.

<u>Geburt:</u> Nach etwa 63 Tagen kommen die Welpen zur Welt. Obwohl es beim Dalmatiner kaum Probleme gibt, sollten Sie vorsichtshalber rechtzeitig Ihren Tierarzt informieren. Bei der Geburt sind Dalmatinerbabys noch ganz weiß. Erst im Lauf der nächsten Wochen

TIP

Modehund Dalmatiner?

Der Dalmatiner ist eine Rasse, die Gefahr läuft, in Mode zu kommen. Da in diesem Fall meist zu viel und zu unüberlegt gezüchtet wird, ist dies für eine Hunderasse immer ein Nachteil. Nicht selten spielt dann auch der Profit eine bestimmende Rolle, während wichtige Eigenschaften wie gutes Wesen und Gesundheit dagegen auf der Strecke bleiben. Deshalb erfordert das Züchten von Dalmatinern großes Verantwortungsbewußtsein und Weitblick. Nur so kann diese Rasse erhalten beziehungsweise weiter verbessert werden. Betrachten Sie Ihren Dalmatiner deshalb auch über die Zuchtzulassungskriterien hinaus objektiv und kritisch, bevor Sie ihn für Zuchtzwecke einsetzen. Gesundheit und Wesensart sollten dabei an erster Stelle stehen, denn diese Eigenschaften haben im täglichen Zusammenleben einen höheren Stellenwert als das Aussehen.

stellen sich nach und nach die Tupfen ein. Die ersten drei Wochen werden sie ausschließlich gesäugt, dann muß zugefüttert werden. Detaillierte Angaben, wie Hündin und Welpen gefüttert werden müssen, erhalten Sie bei den Clubs.

Einen Wurf Welpen aufzuziehen bedeutet viel Arbeit und Verantwortung.

VERHALTEN UND BESCHÄFTIGUNG

Als aktiver und lernfreudiger Hund möchte der Dalmatiner körperlich und geistig gefordert werden. Die Berücksichtigung seiner rasse-spezifischen Eigenschaften und arteigenen Verhaltensweisen hilft, dem Dalmi ein aus-gefülltes Leben zu ermöglichen.

Für das Zusammenleben mit dem Dalmatiner, für eine erfolgreiche Erziehung und eine artgerechte Beschäftigung ist es wichtig, seine Verhaltensweisen zu kennen. Der Verständigung zwischen Mensch und Hund, aber auch der Kommunikation der Hunde untereinander kommt dabei eine besondere Bedeutung zu. Damit Ihr Hund Sie auch versteht, müssen Sie sich gewissermaßen »verhundlichen«. Bei der Verständigung mit Ihrem Dalmatiner kommt es deshalb ebenfalls auf die Körpersprache, die Stimme, den Körperkontakt und den Geruch an.

Das Ausdrucksverhalten

Die Körpersprache, die Lautsprache, die geruchliche Verständigung sowie die Kommunikation durch Berührung sind die Elemente des Ausdrucksverhaltens. Auf diese Weise verständigt sich der Dalmatiner sowohl mit anderen Hunden, als auch mit dem Menschen. Eine Nachricht besteht in der Regel aus einer Kombination mehrerer Signale der einzelnen aufgeführten Ausdruckselemente.

Für eine gute Bindung ist das Spielen des Dalmatiners mit »seinem« Menschen wichtig.

Die Körpersprache

Imponierverhalten: Durch gesträubte Rückenhaare, steifen Gang, nach vorne gerichtete Ohren zeigt der Dalmatiner, daß er dem Artgenossen imponieren möchte. Kopf, Hals und Rute werden erhoben getragen. Nach dem Markieren wird oft gescharrt.

Drohverhalten: Steht ein Angriff bevor, zeigt der imponierende Dalmatiner zusätzlich die vorderen Zähne und starrt den Gegner direkt an. Wird ein Dalmatiner von einem anderen Hund bedroht, ist selbst aber eher unsicher, so zieht er bei geöffneten Lippen seine Mundwinkel weit nach hinten. Der Schwanz wird eingezogen, die Ohren eng an den Kopf gelegt.

Unterwerfung: Schmeichelt sich ein Rangniedriger bei einem Ranghöheren - auch dem Menschen - ein, gibt er »Pfötchen«, wedelt mit dem Schwanz, leckt die Schnauze des anderen und macht sich klein. Welpen und heranwachsende Hunde urinieren dabei oft ein wenig. Unterwirft sich ein Hund, z.B. nach einem Kampf, legt er sich mit eingezogenem Schwanz auf den Rücken. Die Ohren sind angelegt, die Lippen bei geschlossenem Fang weit zurückgezogen.

Spielverhalten: Das Anstoßen mit der Schnauze, spielerisches Anspringen oder Im-Kreis-Laufen zeigen, daß der Dalmatiner spielen möchte. Eine ganz typische Spielaufforderung ist die sogenannte Vorderkörpertiefstellung (→ Zeichnung), bei der die Vorderbeine auf dem Boden liegen.

Die Lautsprache

<u>Knurren:</u> Das Knurren ist ein Warnlaut. Geknurrt wird z.B., wenn der Hund etwas Verdächtiges wahrgenommen hat, etwas verteidigt oder dem Gegner droht.
<u>Jaulen und Winseln:</u> Jaulen deutet meist auf Schmerz hin. Winseln kann Langeweile, Unbehagen, Aufregung und Unterwürfigkeit signalisieren.
<u>Bellen:</u> Der Dalmatiner bellt relativ wenig. Durch das Bellen kann er Freude, Aufregung, eine Aufforderung zum Spiel, aber auch eine Warnung ausdrücken. Je nach Zweck klingt es unterschiedlich.

Die geruchliche Verständigung

Hunde entnehmen Gerüchen sehr viele Informationen. So kann der Hund beispielsweise an den Hinterlassenschaften von Artgenossen erschnüffeln, wer da war. Auch das Beschnüffeln der Duftdrüsen am Hinterteil und im Gesicht anderer Hunde »erzählt« Ihrem Dalmatiner eine Menge. Durch das Setzen von Urinmarken, das »Markieren«, grenzen Rüden ihr Territorium ab. Läufige Hündinnen (→ Seite 39) wiederum informieren dadurch die Rüden über ihren Zustand.

Kommunikation durch Berührung

Dazu gehören Verhaltensweisen wie das Kontaktliegen, gegenseitiges Lecken und Beknabbern als Ausdruck von Zuneigung. Bei Streitigkeiten gehört z.B. das Anrempeln dazu. Ein Hund, der seine Dominanz durch Berührung ausdrückt, legt seinen Kopf auf den Rücken des anderen oder umfaßt mit seiner Schnauze die des Rangniedrigeren.

So versteht Ihr Dalmatiner Sie

<u>Die Körpersprache:</u> Obwohl wir weder die Haare sträuben noch die Ohren in verschiedene Stellungen bringen können, liest der Hund an unserer Körpersprache vieles ab. Er registriert dabei feinste Nuancen. So wird Ihr Welpe z.B. freudiger kommen, wenn Sie ihn mit ausgebreiteten Armen in der Hocke empfangen, als wenn Sie normal vor ihm stehen. Auch das »schlechte Gewissen« des Hundes entsteht durch Ihre Körpersprache: Er erkennt, daß etwas faul ist und reagiert darauf mit Unsicherheit und Unterwürfigkeit. Allerdings kann Ihr Dalmatiner keinen Zusammenhang mehr herstellen zu zurückliegenden Missetaten.

Die Stimme: Sie ist ein sehr wichtiges Element der Kommunikation. Der Tonfall, die Sprechgeschwindigkeit, die Stimmhöhe und auch die Lautstärke geben dem Hund wichtige Informationen über Ihre Stimmung. Den Sinn eines Wortes begreift er jedoch nicht.

Der Körperkontakt: Das Streicheln Ihrerseits sowie das Anschmiegen des Hundes an Sie fördern den Zusammenhalt. Auch das Bürsten fällt unter diese Rubrik (→ PRAXIS Pflege, Seite 36). Der Hund drückt seine Zuneigung ebenfalls durch Lecken und Anspringen aus, was bei uns nicht immer Begeisterung weckt.

Der Geruch: Auch dem menschlichen Geruch kann der Hund einige Informationen entnehmen. So erkennt er genau, wenn jemand Angst hat oder sehr aufgeregt und gestreßt ist. Vermutlich liegen auch so manche Sympathien bzw. Antipathien am Geruch. Dies können wir allerdings nur schlecht nachempfinden, da unser Geruchssinn im Vergleich zu dem des Hundes äußerst unterentwickelt ist.

Kombination der einzelnen Elemente:

Damit der Hund unsere Signale richtig versteht, müssen wir sie auch unmißverständlich aussenden. Dies ist oft nicht einfach, weil wir vieles unbewußt

TIP

Das »Lachen« des Dalmatiners

Bei der Begrüßung »seiner« wie auch anderer, ihm sympathischer Menschen zeigt der Dalmatiner häufig ein sogenanntes Lachen. Dabei kräuselt er die Oberlippe, so daß die vorderen, oberen Zähne sichtbar werden. Die Ohren sind bei dieser Mimik angelegt. Dies dauert nur einen Moment, ist nicht zu verwechseln mit dem drohenden Zähnefletschen und hat auch nichts mit Aggressivität zu tun. Das Kräuseln der Oberlippe kann auch bei der Aufforderung zum Spiel gezeigt werden. Das »Lachen« tritt zwar bei anderen Hunderassen ebenfalls gelegentlich auf, ist aber bei den Dalmatinern besonders ausgeprägt. Interessanterweise wird dieses Verhalten nur dem Menschen gegenüber gezeigt.

machen und darum gar nicht beeinflussen können. Treten Sie einem Hund z.B. stimmlich entschlossen gegenüber, haben aber eigentlich Angst, wird er das eindeutig an den Signalen Ihrer Körpersprache und am Geruch erkennen. Setzen Sie also die einzelnen Verständigungselemente bewußt ein.

Diese Haltung - genannt Vorderkörpertiefstellung – ist eine typische Spielaufforderung.

DOLMETSCHER

Wenn Sie die Dalmatinersprache lernen möchten, müssen Sie die Verhaltensweisen Ihres Hundes richtig deuten können.

 Dieses Verhalten zeigt mein Dalmatiner.

 Was drückt mein Dalmatiner damit aus?

 So reagiere ich richtig auf sein Verhalten!

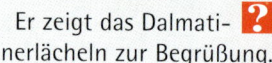 Gekräuselte Oberlippe, zurückgelegte Ohren.

Er zeigt das Dalmatinerlächeln zur Begrüßung.

Sie begrüßen ihn ebenfalls freundlich.

Welpen kriechen in einen hohlen Baumstamm.

Sie sammeln Erfahrungen mit der Umwelt.

Falls keine Verletzungsgefahr besteht, lassen Sie sie gewähren.

Ein Dalmatinerrüde markiert.

Er hinterläßt eine Botschaft für Artgenossen.

Sie hindern ihn nur, wenn er gerade unter einem Kommando steht.

Zwei Dalmatiner spielen miteinander.

Kontakt mit Artgenossen ist sehr wichtig.

Sie lassen sie ihrem Spieltrieb nachgehen.

👆 Ein selbstbewußter und ein etwas unsicherer Dalmatiner begegnen sich.

❓ Sie prüfen, wer der andere wohl sein mag.

❗ Verhalten sich die Hunde »normal«, greifen Sie nicht ein.

👆 Der Dalmatiner ist in Vorstehhaltung »erstarrt«.

❓ Er könnte Wild gewittert oder gesehen haben.

❗ Sie rufen ihn zurück.

👆 Der Dalmatiner schnüffelt intensiv.

❓ Er hat eine Spur aufgenommen.

❗ Sie rufen ihn zurück.

Der Dalmatiner bellt. 👆

❓ Er macht auf etwas aufmerksam.

❗ Sie schauen nach, warum er bellt.

👆 Beschnüffeln des Hinterteils eines Artgenossen.

❓ Er entnimmt dem Geruch wichtige Infos.

❗ Sie lassen die Hunde gewähren.

Die folgenden Übungen sollte jeder Dalmatiner können. Begonnen wird etwa drei Mal täglich fünf Minuten bereits mit dem Welpen. Allmählich dehnt man den »Unterricht« aus. Ein Kommando wird beim Erlernen erst dann genannt, wenn der Hund die entsprechende Position eingenommen hat. Jetzt bekommt er sofort seine Belohnung. Hat er das Kommando begriffen, sollte er es spätestens aufs zweite Mal befolgen. Falls nicht, unterstützt man den Hund mit einem Korrekturgriff.

Hinweis: Vergessen Sie nie, ein erteiltes Kommando auch wieder aufzuheben.

Sobald er sitzt, bekommt der Welpe seine verdiente Belohnung.

»Sitz«

Halten Sie dem angeleinten Hund ein Leckerchen über den Kopf. Warten Sie, bis er sich irgendwann von selbst setzt. Kraulen Sie ihm nun unterstützend die Brust, während Sie ein paar Mal »Sitz« wiederholen.

<u>Korrekturgriff:</u> Drücken Sie das Hinterteil des Hundes sanft nach unten.

Der hochgehaltene Leckerbissen veranlaßt den Welpen, sich zu setzen.

»Platz«

Beginnen Sie damit erst, wenn der Hund das

Hier animiert der Leckerbissen den Welpen, sich richtig ins »Platz« zu legen.

Sitzen beherrscht. Gehen Sie neben dem links von Ihnen sitzenden, angeleinten Hund in die Hocke. Die linke Hand hält die Leine. Halten Sie ihm mit der rechten Hand ein Leckerchen direkt vor die Nase und führen Sie es langsam gerade hinunter zum Boden und dann nach vorne. Liegt der Hund im Platz, streicheln Sie ihm über den ganzen Rücken, während Sie einige Male »Platz« sagen. Anschließend lassen Sie ihn wieder sitzen.

<u>Korrekturgriff:</u> Üben Sie leichten Druck auf seinen Widerrist aus und/oder ziehen Sie seine Vorderläufe nach vorne.

Die Leinenführigkeit

Die Leine soll dabei immer locker durchhängen. Bei »Fuß« befindet sich der Hund an Ihrer linken Seite auf Höhe Ihres Knies. Nehmen Sie die Leine in die rechte, ein Häppchen in die linke Hand. Zeigen Sie es dem Hund und lassen Sie die Hand nach unten hängen. Gehen Sie zügig los und wiederholen Sie das Kommando. Der Dalmi geht genau dort, wo er soll und knabbert dabei am Leckerchen. Soll er angeleint bleiben, aber nicht »Fuß« gehen und zerrt er, sagen Sie »langsam«, rucken ein wenig an der Leine oder bleiben immer wieder stehen.

Korrekturgriff: Zerrt der Hund beim Fußgehen sehr, ermuntert man ihn durch häufige Wendungen oder einen energischen Leinenruck (nicht bei Welpen) zu mehr Aufmerksamkeit.

»Bleib«

Diese Übung wird sowohl mit »Sitz« als auch mit »Platz« kombiniert. Der Hund soll bei »Bleib« genau an der Stelle bleiben, wo Sie ihn zurückgelassen haben. Der angeleinte Dalmatiner sitzt oder liegt an Ihrer linken Seite. Nun sagen Sie »bleib« und treten etwa einen halben Meter vor den Hund. Die Leine hängt locker durch. Nach einigen Sekunden gehen Sie wieder zurück und loben ihn.

In der nächsten Stufe geht man vor dem Hund auf und ab, schließlich umkreist man ihn. Mit der Zeit wird sowohl die Distanz, als auch die Dauer ausgedehnt. Die Leine liegt dann auf dem Boden, später übt man ohne Leine. Aus dem »Sitz und bleib« können Sie den Hund abholen oder mit »Hier« abrufen.

»Hier«

Auf dieses Kommando oder immer den gleichen Pfiff mit der Hundepfeife soll der Dalmatiner sofort zu Ihnen kommen. Die ersten Wochen wird nur zu Hause in Verbindung mit der Fütterung geübt. Bereiten Sie das Futter immer um die gleiche Zeit vor, während jemand in einem anderen Raum den Welpen beschäftigt. Ist das Futter fertig, rufen oder pfeifen Sie Ihrem Hundekind. Da es weiß, daß es jetzt Futter gibt, wird es freudig angerannt kommen und erhält sofort unter ausgiebigem Lob seine Mahlzeit. Hat es den Zusammenhang begriffen, machen Sie diese Übung auch außerhalb der Fütterungszeiten mit einem Häppchen. Aber immer noch innerhalb der Wohnung oder des Gartens. Nur allmählich wird das Üben nach draußen verlagert.

Ist der Hund etwa ein halbes Jahr alt und hat sich das »Hier« oder den »Pfiff« gut eingeprägt, läßt man ihn, wenn er herankommt, vorsitzen. Anschließend geht er auf das Kommando »Fuß« nach hinten so um Sie herum, daß er wieder an Ihrer linken Seite sitzt.

Das Üben in Verbindung mit der Mahlzeit fördert das freudige, schnelle Zurückkommen.

Erziehung für ein harmonisches Zusammenleben

Das Wichtigste dabei ist eigentlich, daß Sie sich für Ihren Dalmatiner so interessant wie möglich machen. Innere Sicherheit und Entschlossenheit im Umgang vermitteln dem Hund Ihre Überlegenheit. Unterscheiden Sie mit der Stimme deutlich zwischen Befehl, Lob und Tadel und lassen Sie den Hund alle Kommandos exakt ausführen (→ So respektiert Ihr Dalmatiner Sie, Seite 24). Mit Ausnahmen machen Sie dem Hund keine Freude, vielmehr wird er dadurch eher verunsichert. Motivieren Sie ihn beim Üben mit einer freßbaren Belohnung, einem geliebten Spielgegenstand und auch mit der Stimme zu freudigem Mitmachen.

Für viele Dalmatiner ist Baden und Toben im Wasser ein Riesenspaß.

Die Ausbildung: Zunächst sollte diese nur die Hauptbezugsperson übernehmen:
✔ Damit das Üben dem Hund auch Freude macht, gestalten Sie es abwechslungsreich.
✔ Verlangen Sie ein richtig ausgeführtes Kommando nicht mehrmals hintereinander.
✔ Beginnen und beenden Sie den Unterricht immer mit einer Übung, die der Hund schon beherrscht und bauen Sie Spielpausen ein.
Problemen vorbeugen: Bringen Sie schon dem Welpen bei, daß er sich zumindest von Erwachsenen jederzeit alles wegnehmen lassen muß:

✔ Während des Fressens nehmen Sie ab und zu seinen Futternapf kurz weg. Verhält er sich friedlich, bekommt er ihn gleich wieder. Knurrt er, bekommt er ihn erst dann, wenn er freundliches, unterwürfiges Verhalten zeigt.

✔ Genauso verfahren Sie, wenn er ein Spielzeug oder ähnliches im Fang hat. Mit dem Kommando »Aus« nehmen Sie ihm den Gegenstand aus dem Fang.

✔ Möchte er ihn nicht hergeben, greifen Sie von oben über seinen Fang und drücken leicht gegen die Lefzen.

✔ Da Ranghöhere auch immer die Ersten sind, wenn es um die Mahlzeit geht, sollte der Hund nie unmittelbar vor Ihnen gefüttert werden.

<u>Richtig loben und tadeln:</u> Gelobt und getadelt wird immer direkt im Anschluß an das jeweilige Verhalten:

✔ Loben Sie Ihren Hund für erwünschtes Verhalten gezielt mit Stimme, Körperkontakt und Belohnungshäppchen. Ein Häppchen wird aber nur dann gegeben, wenn eine Übung ganz exakt ausgeführt wurde.

✔ Auch das gemeinsame Spiel ist eine Form der Belohnung.

✔ Getadelt wird durch den Griff über den Fang oder energisches Festhalten am Nackenfell. Sie können den Hund dabei eventuell auf den Boden drücken.

✔ Bei »schweren Missetaten« kann man den Hund - genügend Kraft vorausgesetzt - blitzschnell auf den Rücken legen.

All diese Maßnahmen bitte immer durch ein strenges »Pfui« und entsprechende Körpersprache und Mimik unterstreichen. Unerwünschtes Verhalten, das nicht auf der Stelle abgestellt werden muß, kann oft auch durch konsequentes Ignorieren korrigiert werden.

Hinweis: Achten Sie darauf, den Hund nicht unbewußt für etwas zu loben, das er eigentlich lassen soll.

Checkliste
Vorbereitung Sport

1 Nehmen Sie bereits den Welpen mit auf das Übungsgelände. Machen Sie ihn spielerisch mit dem Umfeld vertraut (z.B. durch Tunnel kriechen lassen). Negative Erfahrungen und Sprünge vermeiden!

2 Ermöglichen Sie dem Welpen viel Kontakt zu Artgenossen (Welpenspieltage) und beginnen Sie frühzeitig mit spielerischen Gehorsamsübungen.

3 Beginnen Sie mit einer Begleithundeausbildung, wenn er mindestens sechs Monate alt ist.

4 Stellen Sie Ihren Dalmatiner mit einem Jahr dem Tierarzt vor und lassen Sie ihn auf Skelett- und Herz-Kreislauferkrankungen untersuchen.

5 Ein gesunder Vierbeiner ist etwa ab gut einem Jahr fit genug, um im Sport alles mitzumachen.

6 Bei intensiver Arbeit sollten Sie seine Ernährung auf den erhöhten Energieverbrauch umstellen.

Die richtige Beschäftigung

Wie schon am Anfang des Buches erwähnt, ist der Dalmatiner ein äußerst aktiver, bewegungsfreudiger Hund (→ Typisch Dalmatiner, Seite 4 und 5). Ist er unterfordert, zeigt er das auch. Es kann sein, daß er unausgeglichen wird oder den Garten umgräbt. Vielleicht verschafft er sich aber auch auf eigene Faust - etwa mit einem eleganten Sprung über den Gartenzaun - den notwendigen Auslauf. Der Dalmatiner bewegt sich aber nicht nur gern, sondern er lernt auch gern. Er gehört zwar nicht zu den Gebrauchshunderassen, die unbedingt eine rassegerechte Ausbildung für ihr Wohlbefinden brauchen und es gibt auch keine speziellen Arbeitsprüfungen für ihn. Aber dennoch eignet sich der Dalmatiner für vielerlei Ausbildungen. Eine solche gezielte Beschäftigung fordert den Hund sowohl körperlich als auch geistig und wirkt sich überdies sehr positiv auf die Bindung zwischen Mensch und Hund aus. Außerdem macht es schlicht eine Menge Spaß.

Hinweis: Ausbildungen, bei denen Hindernisse überwunden werden müssen, sollten nur mit Dalmatinern gemacht werden, die frei von Hüftdysplasie (→ Seite 57) sind und auch sonst keine Probleme mit Knochen und Bändern haben.

Die Begleithundeausbildung

Diese Ausbildung mit der abschließenden Begleithundeprüfung sollte sich jeder Dalmatinerfreund als Ziel setzen. Geprüft wird hier die sogenannte »Unterordnung«. Dazu gehören die Leinenführigkeit (→ PRAXIS Erziehung, Seite 46 und 47), das Sitzen und das Herankommen auf Ruf sowie das Ablegen (auch mit Ablenkung). Die Schußfestigkeit, das Verhalten im Verkehr und anderen Tieren gegenüber sind weitere Teile dieser Prüfung. Detaillierte Prüfungsordnungen erhalten Sie bei den Clubs.

Obedience

»Obedience« kommt aus dem Englischen und heißt »Gehorsam«. Der Gehorsam wird dabei im Wettbewerb mit anderen Mensch-Hund-Teams ausgetragen. Es gibt verschiedene Schwierigkeitsgrade, wobei bereits die Anfängerklasse neben Elementen der Begleithundeprüfung einige Übungen mit Ablenkung enthält. In den höheren Klassen kommen dann noch das Apportieren und die Nasenarbeit dazu.

Ausbildung zum Fährtenhund

Diese Ausbildung wird von den Gebrauchshundevereinen (→ Adressen, Seite 62) angeboten. Der Hund wird darauf trainiert, daß er auch unter schwierigen Bedingungen eine mehrere Stunden alte, durch unterschiedliches Gelände führende Menschenspur ausarbeitet. Auf dieser Fährte werden Gegenstände ausgelegt, die er finden und verweisen muß. Der Hund wird dabei mit Suchgeschirr und Fährtenleine geführt.

Turnierhundesport

Beim Turnierhunde- oder Breitensport gibt es verschiedene Disziplinen: Gehorsam, Slalomlauf, Hürdensprung, Parcour- und Geländelauf. Diese Art der sportlichen Betätigung hält sowohl den Dalmatiner als auch seinen Zweibeiner fit. Beim Parcourlauf läuft der Besitzer neben seinem Hund her, während dieser die einzelnen Hindernisse meistert. Beim Slalom- und Hürdenlauf absolviert auch der Hundebesitzer die Aufgaben. Es kommt dabei sowohl auf das Tempo als auch auf die möglichst fehlerfreie Bewältigung an.

Agility

Der Begriff stammt ebenfalls aus dem Englischen und bedeutet Behendigkeit. Diese Sportart erfreut sich in letzter Zeit immer größerer Beliebtheit. Beim »Agility« geht es darum, einen

Parcours, der aus den verschiedensten Hindernissen wie z.B. Tunnel, Reifen, Wippe, Weitsprung und Slalom (→ Zeichnung) besteht, möglichst schnell und fehlerfrei zu überwinden. Je nachdem, ob man in der Anfänger- oder Fortgeschrittenenklasse startet, sind zehn bis zwanzig Hindernisse zu überwinden. Die Reihenfolge ist im Gegensatz zum Breitensport bei jedem Wettkampf anders und wird erst kurz vor Beginn bekannt gegeben. Der Besitzer läuft neben seinem Hund her und muß ihn unterwegs, ohne ihn zu berühren, zu den richtigen Hindernissen lenken. Da der Hund ohne Halsband und Leine arbeitet, sind sehr guter Gehorsam und eine enge, freudige Zusammenarbeit zwischen Zwei- und Vierbeiner notwendig, um hier erfolgreich zu sein. Wer einmal beim Agility-Training zusieht, merkt mit welcher Begeisterung die Hunde dabei sind.

Der Rettungshund

Besonders in der Schweiz wird der Dalmatiner gern zum Rettungshund ausgebildet. Wer sich dafür entscheidet, sollte sich im klaren darüber sein, daß es sich hier nicht um ein Hobby im Sinne der anderen genannten Ausbildungen handelt. Der Rettungshund wird für die Trümmer- und die Flächensuche ausgebildet. Bei der Trümmersuche soll er verschüttete Personen, z.B. nach einem Erdbeben oder einer Gasexplosion, aufspüren. Die Flächensuche umfaßt das systematische Absuchen eines bestimmten Gebietes, etwa eines Waldes, nach vermißten Personen. Die Teilnahme an Einsätzen im Inland, die zu jeder Tages- und Nachtzeit erforderlich sein können, ist verpflichtend.

Beim Slalomlauf, einem Bestandteil des Agility, muß der Dalmatiner besonders wendig sein.

GESUNDHEITSVORSORGE UND KRANKHEITEN

Ob Verletzungen, rassebedingte oder andere Krankheiten - jeder Hund kann mal krank werden. Eine sorgfältige Gesundheitsvorsorge sowie rechtzeitiges Erkennen eventueller Krankheitssymptome sind deshalb wichtig für die Gesunderhaltung des Dalmatiners.

Schutz durch Vorsorge

Regelmäßige Gesundheitsvorsorge schützt den Dalmatiner vor bestimmten Infektionskrankheiten und vor Parasiten. Da manche dieser Krankheiten ebenfalls auf den Menschen übertragbar sind (→ Wichtige Hinweise, Seite 63), dienen diese Maßnahmen auch dem eigenen Schutz. Darüberhinaus gibt es aber noch viele andere mögliche Gesundheitsstörungen. Beobachten Sie Ihren Dalmatiner daher sorgfältig. Nur so können Sie Krankheitsanzeichen frühzeitig erkennen und rechtzeitig den Tierarzt zu Rate ziehen.

Regelmäßige Impfungen

Regelmäßige Impfungen schützen den Dalmatiner vor fünf gefährlichen und oft tödlich verlaufenden Infektionskrankheiten. Dies sind Staupe, Hepatitis, Leptospirose, Parvovirose und Tollwut. Gegen die ersten vier Krankheiten wird der Welpe bereits im Alter von acht bis neun Wochen beim Züchter geimpft. Eine erneute Impfung gegen diese vier Infektionen erhält er

Dieser Dalmatiner ist mit dem Island-Pony sichtlich gut befreundet.

mit zwölf bis vierzehn Wochen. Und zusätzlich wird er jetzt auch noch gegen Tollwut geimpft. <u>Auffrischung:</u> Damit der Impfschutz wirksam bleibt, bekommt der Dalmatiner ab dieser zweiten Impfung alle zwölf Monate eine 5-fach-Impfung zur Auffrischung. Bei der Impfung sollte der Hund ganz gesund und frei von Würmern sein. Die Impfungen werden vom Tierarzt in den Impfpaß eingetragen. Auch für die Teilnahme an Ausstellungen und Prüfungen (→ Seite 14) sowie für Auslandsreisen (→ Seite 30) ist ein vollständiger Impfschutz unerläßlich. **Hinweis:** Achten Sie auf den Impfpaß!

Regelmäßige Entwurmung

Ein von Würmern befallener Hund (→ Zeichnung Seite 54) wird geschwächt und ist dann anfälliger für Krankheiten. Manche Wurmarten sind außerdem auf den Menschen übertragbar. Besonders gefährdet sind Kinder. Deshalb wird der Dalmatiner regelmäßig entwurmt. <u>Die ersten Wurmkuren</u> bekommt der Welpe beim Züchter im Alter von sechs und acht Wochen, vor der ersten Impfung. Mit zwölf Wochen - vor der zweiten Impfung - ist die nächste Wurmkur fällig. Mit sechs und mit neun Monaten wird wiederum erneut entwurmt.

Beim erwachsenen Tier reichen in der Regel halbjährliche Wurmkuren. Leben Kinder in der Familie, hat der Hund öfter Flöhe oder gräbt er häufig nach Mäusen, sollte er vorsichtshalber vierteljährlich entwurmt werden. Da es verschiedene Wurmarten gibt, ist ein breit wirkendes Medikament empfehlenswert. Fragen Sie Ihren Tierarzt. Wer nicht gleich zur Medizin greifen will, kann auch in regelmäßigen Abständen Stuhlproben auf Wurmbefall untersuchen lassen.

Haut und Haar

Hautveränderungen: Manche Dalmatiner neigen zu Hautproblemen. Hinweise darauf sind bräunliche Verfärbungen im Fell, Rötungen, Juckreiz, Haarausfall, Krusten- und Knötchenbildung, sowie Ekzeme. Die Ursachen können vielfältig sein. Zwei mögliche Erkrankungen sind Pilzbefall oder Räude. Manchmal liegt es an einer Unverträglichkeit des Futters, manchmal am äußerlichen Kontakt mit bestimmten Gegenständen oder Substanzen. Manche Auffälligkeiten treten jahreszeitlich bedingt auf. Konsultieren Sie gegebenenfalls den Tierarzt.
Hinweis: Sofortige Hilfe ist nötig, wenn sich am Körper des Dalmatiners Quaddeln bilden und die Augen und/oder der Fang anschwellen. Hier liegt eine akute Allergie vor, die zu gefährlichen Komplikationen führen kann.

Parasiten: Etliche dieser Plagegeister treiben auf der Haut und im Fell des Hundes ihr Unwesen. Gerade auf dem weißen Fell des Dalmatiners ist ein Parasitenbefall meist gut zu erkennen:

✔ Zu den bekanntesten Vertretern zählt die Zecke. Krabbelt sie noch auf dem Fell, ist eine Entfernung leicht. Hat sie sich schon festgebissen und vollgesaugt, entfernt man sie mit einer Zeckenzange oder dreht sie mit den Fingern vorsichtig heraus.
Hinweis: Achten Sie darauf, daß der Kopf nicht in der Haut bleibt, denn dies kann zu Entzündungen führen.
✔ Flöhe, Läuse und Haarlinge können Sie mit bloßem Auge erkennen.
✔ Ein Befall mit Milben zeigt sich durch einen rostbraunen Belag auf der Haut.
Hinweis: Für die Behandlung gegen all diese Parasiten ist immer der Tierarzt zuständig.

Harnsteinbildung

Beim Dalmatiner tritt gelegentlich eine Veranlagung zur Bildung von Harnsteinen auf. Symptome dafür sind blutiger Urin, auch mit grießiger Beimengung, tröpfelnder Harnabsatz oder auch Harnverhalten. Die Behandlung erfolgt durch Medikamente und, falls erforderlich, durch eine Operation. Dalmatiner mit einer entsprechenden Veranlagung sollten mit einer speziellen Diät ernährt werden.

Dieses »Schlittenfahren« deutet häufig auf Wurmbefall hin.

Störungen und Krankheiten erkennen

Krankheitsanzeichen	Ursachen
Die Körpertemperatur liegt unter 38 °C oder über 38,5 °C	verschiedenste Krankheiten
Der Dalmatiner hustet und würgt	Fremdkörper im Hals, der Hund hat einen Infekt
Starkes Speicheln mit Erbrechen, evtl. Durchfall, Apathie, Krämpfe, Taumeln	Verdacht auf eine Vergiftung, sofort zum Tierarzt!
Erbrechen mit Verstopfung, auch Appetitlosigkeit	evtl. Darmverschluß, sofort zum Tierarzt!
Der Hund rutscht auf dem Hinterteil	Wurmbefall, verstopfte Analdrüsen
Der Dalmatiner riecht aus dem Fang	Entzündung der Zähne oder des Zahnfleisches
Häufiges Kopfschütteln und -kratzen	Entzündung des Ohres
Veränderungen der Haut	Parasiten, Allergien, Pilzbefall
Erbrechversuche, aufgeblähter Bauch, Unruhe nach dem Füttern	Verdacht auf Magendrehung, sofort zum Tierarzt!
Durchfall, auch mit Blut oder Schleim oder Appetitlosigkeit	Verdorbener Magen durch falsches Futter, virus- oder bakterienbedingte Infektion, Parasitenbefall, chronische Darmerkrankung
Blähungen mit Durchfall	Darmerkrankung durch verdorbenes Futter
Hervortreten der Nickhaut, gerötete Bindehaut, Tränenfluß	Entzündungen des Auges
Lahmen, Probleme bei bestimmten Bewegungen	Zerrungen, Verstauchungen, entzündliche Prozesse, erbliche Krankheiten, Verletzungen, altersbedingte Erkrankungen.

Die Verdauungsorgane

<u>Durchfall und Erbrechen:</u> Brechdurchfall sowie Durchfall oder Erbrechen mit Schleim- oder Blutbeimengung, Fieber, sowie eine Verschlechterung des Allgemeinzustands muß rasch tierärztlich behandelt werden. Hier kann auch eine mögliche Vergiftung vorliegen!

<u>Durchfall:</u> Bei Durchfall ohne Beeinträchtigung des Allgemeinbefindens verordnet man dem Dalmatiner einen Fasttag mit schwarzem Tee. Am nächsten Tag bekommt er Schonkost, z.B. in Form von gekochtem Reis.

<u>Verstopfung:</u> Auch eine Verstopfung kann Anzeichen einer ernsten Erkrankung sein. Fragen Sie sicherheitshalber den Tierarzt.

Die Magendrehung

Speicheln, Würgen, vergebliche Erbrechversuche, aufgeblähter Bauch und Atemnot im Anschluß an die Fütterung deuten auf eine Magendrehung hin. Eine Rettung gibt es hier nur durch eine sofortige Operation. Ansonsten stirbt der Hund innerhalb weniger Stunden.

Das No-bite verhindert, daß der Hund am Verband knabbert.

Gut eine Stunde Ruhe nach der Fütterung sowie die Verteilung der täglichen Futtermenge auf zwei Mahlzeiten (→ Seite 35) sind hier geeignete Vorbeugungsmaßnahmen.

Die Sinnesorgane

<u>Die Ohren:</u> Hängeohren sind oft etwas anfälliger für Entzündungen (→ Seite 36). Symptome dafür sind häufiges Kopfschütteln oder Schiefhalten des Ohres, häufiges Kratzen am Ohr sowie eine Schmerzempfindlichkeit des Ohres. Ein dunkler, manchmal übelriechender Belag im Ohr deutet ebenfalls auf eine Erkrankung hin. Suchen Sie den Tierarzt auf.

<u>Die Augen:</u> Auch bei Augenkrankheiten ist eine Behandlung durch den Tierarzt angezeigt. Erkrankungen des Auges erkennen Sie an einer Trübung der Hornhaut, an Schwellungen und Rötungen der Bindehaut, an deutlichem und/oder eitrigem Ausfluß, sowie an einer verdickten, hervortretenden Nickhaut.

<u>Die Nase:</u> Dieses Organ wird manchmal von einem Virusinfekt befallen. Dabei niest und schnieft der Hund häufig und aus der Nase läuft blutiges oder eitriges Sekret. Konsultieren Sie den Tierarzt.

Der Bewegungsapparat

Beginnt Ihr Dalmatiner zu hinken, sollten Sie das betroffene Bein auf erkennbare Verletzungen oder eingetretene Fremdkörper untersuchen. Können Sie nichts feststellen, schonen Sie den Hund einige Tage. Verschwindet die Lahmheit dann nicht, gehen Sie mit ihm unbedingt zum Tierarzt.

Hat der Dalmatiner Probleme beim Aufstehen, starke Schmerzen, treten Schwellungen auf oder benutzt er ein Bein gar nicht mehr, dann sollten Sie so schnell wie möglich den Tierarzt zu Rate ziehen.

*Regelmäßige Gesundheitsvorsorge erfordert
auch regelmäßige Tierarztbesuche.*

*Ein einfühlsamer Tierarzt wird beruhigend
auf Ihren Hund einwirken.*

Die Hüftgelenksdysplasie (HD)

Bei Hunden gibt es einige vererbliche Skeletter-
krankungen. Die bekannteste ist die Hüftdysplasie, eine Verformung von Oberschenkelkopf
und Beckenpfanne. Je nach Ausprägung kann
der Hund dabei entweder gar keine Beschwer-
den oder aber sehr große Probleme haben. Ob-
wohl die HD beim Dalmatiner selten auftritt,
sollte jeder Dalmatinerbesitzer seinen Hund im
Alter von einem Jahr röntgen lassen, da bei einer eventuellen Erkrankung einiges beachtet
werden muß. So sollten bestimmte Bewegun-

gen und Hundesportarten vermieden werden.
Es kann auch eine weitere Behandlung notwendig sein. Für künftige Zuchthunde ist diese Untersuchung sogar Pflicht. HD-Befunde werden
eingeteilt in:

- A = Frei,
- B = Übergangsform,
- C = Leicht,
- D = Mittel und
- E = Schwer.

Hinweis: Dalmatiner mit mittlerer und schwerer
HD dürfen nicht zur Zucht eingesetzt werden.

Der alte Dalmatiner

Ein alter Dalmatiner hat veränderte Bedürfnisse, auf die Rücksicht genommen werden muß. Vor allem die Gelenke sind bei ihm Schwachstellen. Arthrosen und Bandscheibenprobleme können auftreten. Auch der Kreislauf kann beeinträchtigt sein. Außerdem treten bei alten Hunden vermehrt Hautkrankheiten und Tumore auf.

Bei nicht kastrierten Hündinnen können verstärkt Gebärmutterentzündungen und -vereiterungen vorkommen, nicht kastrierte Rüden neigen zu Prostataproblemen. Über acht Jahre alte Dalmatiner sollten zweimal jährlich dem Tierarzt vorgestellt werden, der anhand von Urin-, Blut- und Herz- und Kreislaufuntersuchungen frühzeitig eventuelle Krankheiten erkennen kann. Achten Sie bei der täglichen Pflege vermehrt auf eventuelle Krankheitssymptome.

Die Nahrung des alten Hundes muß leicht verdaulich sein und in der Menge entsprechend der verminderten Bewegung reduziert werden. Der Fleischanteil sollte nur noch ein Drittel der Mahlzeit ausmachen. Eventuell ist auch eine bestimmte Diät nötig.

Die Spaziergänge sollten Sie auf mehrere kürzere Intervalle aufteilen, um den alten Dalmatiner nicht zu überanstrengen. Schonen Sie ihn besonders bei großer Kälte oder Hitze. Seinen Schlafplatz mag Ihr Dalmi im Alter besonders gemütlich, warm und weich (→ Zeichnung Seite 59).

Genitalregion und After

Junge Rüden leiden gelegentlich unter einer Entzündung der Penisspitze, erkennbar an der Absonderung eines Sekrets.

Hündinnen können an einer Gebärmutterentzündung oder -vereiterung erkranken. Anzeichen dafür sind manchmal eitriger, übelriechender Ausfluß, Apathie, Erbrechen, vermehrter Durst und schlechter Appetit. Suchen Sie in beiden Fällen den Tierarzt auf.

Hinweis: Rutscht der Dalmatiner auf dem Hinterteil (→ Zeichnung Seite 54), kann dies ein Zeichen für verstopfte Analdrüsen oder Wurmbefall sein.

Kastration

Die Hündin: Bei der Kastration der Hündin werden Gebärmutter und Eierstöcke entfernt. Dies ist die sinnvollste Methode, unerwünschten Nachwuchs und Läufigkeit (→ Seite 39) dauerhaft zu unterbinden. Bei ausgeprägter Scheinträchtigkeit empfiehlt sich ebenfalls eine Kastration.

Scheinträchtig ist die Hündin dann, wenn sie sich 6-8 Wochen nach der Läufigkeit benimmt, als würde sie Welpen bekommen. Sie simuliert eine Schwangerschaft mit allem drum und dran, bildet Milch, baut Nester und nimmt Gegenstände als Welpen an.

Der günstigste Zeitpunkt für eine Kastration ist einige Monate nach der ersten Läufigkeit.

Der Rüde: Eine Kastration empfiehlt sich dann, wenn der Dalmatiner wegen eines zu hohen Sexualhormonspiegels aggressiv gegen andere Rüden und übermäßig an Hündinnen interessiert ist. Eine Kastration hilft allerdings nicht bei unerwünschten Verhaltensweisen, die beispielsweise durch Langeweile oder Unterforderung verursacht werden.

Der günstigste Zeitpunkt für eine Kastration beim Rüden ist ab einem Jahr. Er sollte jeden-

falls nicht viel älter sein. Ist der Rüde wesentlich älter, können sich die unerwünschten Verhaltensweisen schon so eingefahren haben, daß auch eine Kastration keinen Erfolg mehr bringt.
Hinweis: Sowohl bei kastrierten Hündinnen als auch bei Rüden sollte das Futter konsequent um ein Drittel reduziert werden. Dann wird der Dalmi weder dick noch träge.

Bißverletzungen und Blutungen

Untersuchen Sie Ihren Dalmatiner nach einer Rauferei auf Verletzungen. Blutende Wunden werden mit einem sauberen Tuch abgedeckt. Auch nicht blutende Wunden müssen vom Tierarzt behandelt werden, um eine Abszeßbildung zu verhindern. Starke Blutungen, wie sie z.B. bei einem Unfall auftreten können, müssen durch Druck mit der Hand oder durch einen Druckverband gestillt werden. Gehen Sie sofort zum nächsten Tierarzt.

Fieber messen und Medikamente verabreichen

<u>Fieber messen:</u> Am besten verwenden Sie ein Thermometer mit Signalton. Halten Sie den Hund zu zweit fest, heben Sie die Rute

hoch und führen Sie das eingefettete Thermometer etwa 3 cm in den After ein.
Hinweis: Temperaturen über 38,5 °C bedeuten Fieber.
<u>Tabletten eingeben:</u> Verstecken Sie die Tablette in einem Leckerbissen. Funktioniert das nicht, so öffnen Sie den Fang des Hundes und legen ihm die Tablette weit hinten auf die Zunge. Halten Sie den Fang anschließend zu und warten Sie, bis er die Tablette geschluckt hat.
<u>Flüssige Medikamente:</u> Füllen Sie die Medizin in eine Einwegspritze ohne Nadel. Halten Sie den Kopf des Hundes leicht nach oben und spritzen Sie ihm die Tropfen seitlich zwischen die Zähne ins Maul. Verabreichen Sie aber nur kleine Mengen, damit der Hund sie auch schlucken kann.
<u>Zäpfchen:</u> Damit es besser gleitet, reiben Sie das Zäpfchen mit Vaseline oder einer anderen Creme ein. Anschließend schieben Sie es dann mit dem Finger möglichst tief in den After.

Ein kranker Dalmatiner braucht genau wie ein alter Dalmatiner besonders viel Ruhe und Zuwendung.

REGISTER

Die halbfett gesetzen Seitenzahlen verweisen
auf Farbfotos und Zeichnungen.

»Wie riechst denn du?«,
fragt dieser Welpe sei-
nen Plüsch-
kameraden.

Adressen, die weiterhelfen

Fédération Cynologique Internationale (FCI), 13 Place Albert 1, B-6530 Thuin/Belgien.

Verband für das Deutsche Hundewesen e.V. (VDH), Postfach 104154, 44041 Dortmund.

Österreichischer Kynologenverband e.V. (ÖKV), Johann-Teufel-Gasse 8, A-1230 Wien.

Schweizerische Kynologische Gesellschaft (SKG/SCS), Postfach 8217, CH-3001 Bern.

Deutscher Dalmatiner Club von 1920 e.V. (DDC)Geschäftsstelle: Alfred Ronneburg, Poppenweiler Str. 16 71672 Marbach

Club für Dalmatiner-Freunde e.V. (CDF) Geschäftsstelle: Gabriele Oswald, Postfach 1355, 38713 Seesen.

Dalmatiner Verein Deutschland e.V.(DVD) Geschäftsstelle: Jürgen Prösch, Jägerstr. 1, 85737 Ismaning.

Fragen zur Hundehaltung beantworten auch

Ihr Zoofachhändler und der Zentralverband Zoologischer Fachbetriebe Deutschlands e.V., D 63225 Langen, Tel.: 06103/910732 (nur telefon. Auskunft möglich).

Haftpflicht-versicherung

Fast alle Versicherungen bieten auch Haftpflichtversicherungen für Hunde an.

Kranken-versicherung

Uelzener Allgemeine Versicherungsgesellschaft AG, Postfach 2163, 29511 Uelzen.

AGILA Haustierkrankenversicherung AG, Breite Straße 6-8, 30159 Hannover.

Registrierung von Hunden

Haustier-Zentralregister für die BRD e.V. TASSO, Postfach 1423, 65783 Hattersheim, Tel. 06190/4088. Wer seinen Hund vor Tierfängern und dem Tod im Versuchslabor schützen will, kann ihn hier registrieren lassen. Die Eintragung sowie die computergesteuerte Suche bei Vermißtenmeldung sind kostenlos.

Bücher, die weiterhelfen

(falls nicht im Buchhandel, dann in Bibliotheken erhältlich)

Feddersen-Petersen, Dorit: Hundepsychologie. Franckh-Kosmos Verlag, Stuttgart.

Ludwig, Gerd: Mit dem Hund spielen und trainieren. Gräfe und Unzer Verlag, München.

Schlegl-Kofler, Katharina: Unser Welpe. Gräfe und Unzer Verlag, München.

Schlegl-Kofler, Katharina: Hundeschule für jeden Tag. Gräfe und Unzer Verlag, München.

Stein, Petra: Naturheilpraxis Hunde. Gräfe und Unzer Verlag, München.

Warrlich, Anne: Tiersprechstunde. So bleibt mein Hund gesund. Gräfe und Unzer Verlag, München.

Zeitschriften, die weiterhelfen

Dalmatiner Journal. Vereinszeitschrift des Clubs für Dalmatiner-Freunde e.V. (CDF).

Der Hund. Deutscher Bauernverlag GmbH, Brunnenstraße 128, D 13355 Berlin.

Die Autorin

Katharina Schlegl-Kofler beschäftigt sich schon viele Jahre mit artgerechter Hundehaltung und -erziehung. Seit Jahren führt sie Welpenspieltage und Erziehungskurse für Hunde aller Rassen durch.

Die Fotografin

Monika Wegler ist Berufsfotografin und Tierbuch-Autorin. Einen Schwerpunkt ihrer fotografischen Arbeit bilden Tierporträts sowie Verhaltens- und Bewegungsstudien von Hunden und Katzen.

Die Zeichnerin

Renate Holzner arbeitet als freie Illustratorin. Ihr breites Repertoire reicht von Strichzeichnungen über fotorealistische Illustrationen bis hin zur Computergrafik.

Dank

Die Autorin dankt Frau Ina Ronneburg für die Durchsicht des Manuskripts.
Die Fotografin und der Verlag danken der Familie Ronneburg sowie den Hundehaltern und Züchtern vom Deutschen Dalmatiner Club für die tatkräftige Mitarbeit an diesem Buch.

An unsere Leserinnen und Leser

Wir freuen uns, Ihre Meinung zu diesem Tier-Ratgeber zu erfahren. Bitte schreiben Sie uns, wenn Sie Berichtigungen und Ergänzungsvorschläge haben oder wenn Ihnen etwas besonders gut gefällt.

Gräfe und Unzer Verlag
Redaktion Natur
Stichwort:
TierRatgeber
Postfach 86 03 66
D-81630 München

Fotos: Buchumschlag und Innenteil

Umschlagvorderseite: Dalmatiner-Hündin, weiß-schwarz, 4 Jahre (großes Foto) und 3 Welpen, 5 Wochen alt (kleines Foto).

Umschlagrückseite: Welpe, weiß-schwarz, 5 Wochen alt.

Seite 1: Welpe hat in der Sandkiste gebuddelt.

Seite 2/3: 2 Dalmatiner-Welpen, 5 Wochen alt, beschnuppern das Dalmatiner-Rex-Kaninchen.

Seite 4/5: 2 Dalmatiner springen über die Agility-Hürde.

Seite 6/7: 3 Dalmatiner-Welpen, 7 Wochen alt, im Körbchen.

Seite 64/65: Dalmatiner-Hündin mit ihren Welpen.

Impressum

© 1998 Gräfe und Unzer Verlag GmbH, München. Alle Rechte vorbehalten. Nachdruck, auch auszugsweise, sowie Verbreitung durch Bild, Funk und Fernsehen, durch fotomechanische Wiedergabe, Tonträger und Datenverarbeitungssysteme jeder Art nur mit schriftlicher Genehmigung des Verlages.

Redaktion:
Anita Zellner
Lektorat:
Barbara Wurzel
Umschlaggestaltung und Layout:
Heinz Kraxenberger
Zeichnungen:
Renate Holzner
Herstellung: Heide Blut/ Gabie Ismaier
Satz: Heide Blut
Reproduktion:
Fotolito Longo
Druck und Bindung:
Stürtz

ISBN   3-7742-3153-2

Auflage   5.   4.   3.   2.
Jahr   2004   03   02   01

Wichtige Hinweise

Die Haltungsregeln dieses Buches beziehen sich in erster Linie auf normal entwickelte Jungtiere aus einwandfreier Zucht, also auf gesunde, charakterlich einwandfreie Hunde. Wer einen erwachsenen Hund zu sich nimmt, muß sich bewußt sein, daß dieser bereits wesentliche Prägungen durch den Menschen erfahren hat. Auch bei gut erzogenen Hunden besteht die Möglichkeit, daß sie Schäden an fremdem Eigentum anrichten oder gar Unfälle verursachen. Der Abschluß einer Hundehaftpflicht-Versicherung ist deshalb in jedem Fall zu empfehlen.
Lassen Sie bei Ihrem Hund auch alle notwendigen Schutzimpfungen und Entwurmungen durchführen, da sonst eine erhebliche gesundheitliche Gefährdung von Mensch und Tier möglich ist.
Zeigen sich bei Ihrem Dalmatiner Krankheitsanzeichen (→ S. 55), sollten Sie unbedingt einen Tierarzt zu Rate ziehen. Einige Krankheiten sind auch auf den Menschen übertragbar (→ S. 53).
Gehen Sie im Zweifelsfall selbst zum Arzt, auch wenn Sie von Ihrem Hund gebissen wurden. Es gibt Menschen, die allergisch auf Tierhaare reagieren. Wenn Sie sich nicht sicher sind, fragen Sie Ihren Arzt vor der Anschaffung.

1 Was kostet ein Dalmatiner?

Der Preis für einen Welpen aus einem der genannten Clubs liegt bei DM 1.500 bis 1.800.

2 Wie wirkt sich Taubheit auf das Leben des Hundes aus?

Völlige Taubheit wirkt sich sehr nachteilig aus. Der Halter muß alle Aktivitäten darauf abstimmen. Einseitige Taubheit hingegen beeinträchtigt den Hund nicht wesentlich.

3 Wie unterscheiden sich der schwarz- und der braungefleckte Dalmatiner?

In Haltung, Wesen und Gesundheit gibt es keine Unterschiede. Schwarz vererbt sich dominant, braun rezessiv.

4 Welche nicht zugelassenen Fellzeichnungen kommen beim Dalmatiner vor?

Zuchtausschließend sind große Farbflecken am Körper oder ums Auge sowie braune und schwarze Tupfen auf demselben Hund.

5 Woran erkennt man beim Kauf einen gesunden Welpen?

Am glänzenden, glatten Fell, klaren Augen und sauberer Nase. Die Analregion zeigt keine Verschmutzungen. Der Welpe ist wohlgenährt und hat etwas Babyspeck.

Die Expertin gibt Antwort auf die 10 häufigsten Fragen zur Dalmatiner-Haltung.